재밌어서 밤새 읽는

맞춤법 이야기

재밌어서 밤새 읽는

맞춤법 이야기

한경화 지음

더숲

초등학교 때부터 학교에서 여러 과목을 공부하고 책을 읽으면서 수많은 어휘를 접하고 배웠음에도 우리는 왜 늘 맞춤법이 어렵다는 생각이 드는 걸까요?

첫째는 한글 맞춤법이 쉽지 않기 때문입니다. 맞춤법을 확인하기 위해 국립국어원 사이트에 들어가 자료를 찾아보거나 관련 책을 읽다 보면 한글 맞춤법은 규정이 많은 데다 복잡하기까지 하다는 생각이 듭니다. 둘째는 초등학교에서 중고등학교에 이르는 동안 맞춤법을 체계적으로 교육받지 않았기 때문입니다.

그런 까닭에 학생뿐만 아니라 어른들도 한글 맞춤법이 너무 어렵다고 말합니다. 의사소통만 되면 되지 뭐 그렇게 까다롭게 맞춤법을 따지냐고 말하는 사람들도 있습니다. 그래서일까요? 요즘에는 맞춤법 따위는 상관없다는 듯 소리 나는 대로 쓰거나 이상하게 변형해서 쓰는 언어 파괴 현상이 점점 심각해지고 있습니다. 특히 SNS로 하는 소통이 많아지면서 아무렇게나 줄여서 써도 누구 하나 맞춤법이 틀렸다고 지적하거나 이상하게 생각하지 않으니 더욱 그런 것 같습니다.

국어 교사인 저는 아무래도 맞춤법에 민감합니다. 길을 걷다 보게 되는 플래카드나 간판, 여기저기에서 받는 홍보 전단지나 매체 자료 그리고 일상에서 접하는 다양한 읽기 자료를 볼 때면 무의식적으로 맞춤법을 확인하는 자신을 발견합니다. 문자 메시지나 메일을 보낼 경우 특히 맞춤법과 띄어쓰기가 틀린 곳이 없는지 여러 번 확인하고 보냅니다. 전공이나 직업병 때문일 수도 있지만 무엇보다 우리말이 훼손된 채 사용되는 것이 싫어서입니다.

맞춤법이 틀린 문자 메시지나 메일을 받으면, 몰라서 잘못 쓴 게 아니라 핸드폰이나 컴퓨터 자판을 잘못 눌러서 오탈자가 난 것이라고 생각하려고 애씁니다. 그래야 마음이 편해집니다. 아마 저처럼 생각하고 넘기는 사람이 적지 않아 올바른 맞춤법에 대해 안일해지는 게 아닐까 하는 반성을 해 봅니다.

학생들이 쓴 글을 읽거나 수행 평가지와 시험 답안지를 채점하다 보면 자주 안타까운 마음이 듭니다. 또 어른들이 맞춤법에 맞지 않는 말을 사용하는 모습을 보면 제대로 가르쳐 주고 싶다는 생각이 간절합니다. 그래서《재밌어서 밤새 읽는 맞춤법 이야기》출간 제안을 받았을 때 정말 반갑고 고마웠습니다.

디지털 네이티브 세대인 우리 학생들은 갈수록 맞춤법을 등한히 하거나 몹시 어려워하고 어휘력이 부족해지고 있습니다. 단 몇 시간의 수업으로 우리말의 모든 맞춤법을 알려 주는 것이 불가능함을 절실히 느끼고 있기에 맞춤법 이야기를 정말 흥미롭게 써 보고 싶었습니다.

　맞춤법을 제대로 알려면 단어의 품사를 알고 접근하는 것이 기본이라 많이 헷갈리고 틀리는 단어를 뽑아 품사별로 구성하고, 그 단어들은 이야기를 통해 자연스럽게 익히도록 했습니다. 그리고 이야기 형식을 빌리다 보니 지면 관계상 한계가 있어 부록 〈매번 틀리고 항상 헷갈리는 맞춤법〉에서는 간략한 설명이 달린 많은 단어를 다루었습니다.

　이 책을 읽은 독자 여러분이 재미있는 이야기와 다양한 예문을 읽다 보니 맞춤법을 저절로 알게 되었다고 생각한다면 더없이 기쁘겠습니다. 그리고 대한민국의 모든 학생이 공부하는 데 걸림돌이 되는 '한글 맞춤법'을 익히기를 소망해 봅니다.

대한민국 언중(言衆)의 맞춤법을 응원하며

한경화

차례

제2장
헷갈리는 맞춤법 ② 명사

제3장
헷갈리는 맞춤법 ③ 부사·조사 외

ㄱㄴㄷ

제1장

헷갈리는 맞춤법 ①
동사 · 형용사

"너와 나는 생각이 다르다"
"내가 맞고 너는 틀리다"

 다르다
비교되는 두 대상이 서로
같지 아니하다.

틀리다
셈이나 사실 따위가 그르게
되거나 어긋나다.

　민지는 요즘 설향 딸기에 흠뻑 빠져 있다. 얼마 전 감기에 걸렸다고 했더니 친구가 비타민을 섭취해야 한다며 딸기를 보내 주었다. 보통 딸기 맛이려니 생각하며 식초 물에 씻어 빛깔이 가장 좋고 모양이 예쁜 딸기를 한 입 베어 문 순간 민지는 "오!" 하고 탄성을 질렀다. 이제까지 먹은 딸기와는 사뭇 **다른** 새콤달콤한 맛이 느껴졌기 때문이다.

딸기를 씻다 말고 포장 용기를 봤더니 '설향 딸기'라고 씌어 있었다. 설향(雪香)이 무슨 뜻이길래 이렇게 맛있는지 궁금해서 찾아보니, 한자 그대로 해석하면 '눈 속에 피어난 향기'라는 뜻이라고 한다. 설향 딸기는 우리나라 딸기 품종 중 가장 많이 재배되어 겨울에 나는 딸기 대부분이 이 품종이라는 정보도 얻었다.

한번 맛본 설향 딸기의 맛을 잊을 수 없어 주말을 이용해 가족과 딸기 농장에 다녀오기로 했다. 시골 한적한 곳에 자리한 딸기 농장 안에 들어서자 청정한 느낌이 물씬 났다. 아직 덜 익어서 연한 연두색을 띤 작은 딸기부터 먹음직하고 새빨간 딸기까지 줄기 하나에 네댓 개씩 달려 있었다.

크기와 익은 상태가 제각각이라 민지는 이 딸기들이 친구에게 선물 받은 것처럼 크고 맛있는 딸기가 될까 싶어 주인에게 물었다.

"이 딸기들이 모두 크고 맛있는 딸기로 자라나요?"

"딸기를 심은 위치마다 맛이 조금씩 **틀려요**"라고 주인이 대답했다. 순간 민지는 당황했다.

'허걱! 딸기 맛이 **틀리다고**?'

그리고 옆에 있는 동생에게 귓속말로 "민우야, 딸기 맛이 맞는 것도 있니?"라고 말했다.

민지의 말에 민우는 눈을 동그랗게 뜨고 들릴락 말락 하는 작은 목소리로 대꾸했다.

"뭐래? 딸기 맛이 맞다니 그게 무슨 소리야?"

"아니, 아저씨가 딸기 맛이 조금씩 **틀리다**고 하시잖아. **틀리다**의 반대말이 '맞다'니까 맞는 딸기 맛도 있냐는 거지?"

'딸기 맛이 서로 **달라요**'라고 해야 하는데 **틀리다**고 하신 아저씨 때문에 민지와 민우는 정확한 맞춤법과 마주하게 되었다. 그럼 어떻게 말했어야 하느냐는 민우에게 민지는 이렇게 말해 주었다.

"이 딸기와 저 딸기는 과즙이 풍부하고 달콤한 정도가 **다르다**."

'다르다'와 '틀리다'는 맞게 쓰는 사람만큼이나 잘못 쓰는 사람이 많다. '다르다'와 '틀리다'는 엄연히 의미가 다른 단어이다. 또한 '다르다'는 형용사,* '틀리다'는 동사*로 품사*도 다르다.

다르다 : 비교되는 두 대상이 서로 같지 아니하다.
보통의 것보다 두드러진 데가 있다.

'이전과 다르게 살다', '그와 생김새가 다르다', '초등학교와 중학교는 다르다'와 같이 **다르다**는 두 대상이 같지 않음을 말할 때 사용한다. 이외에 남다른 구석이 있다는 의미도 있다.

◆ 너와 나는 생각이 다르다.

◆ 개와 고양이는 다른 성향을 가졌다.

◆ 소꿉친구를 만났는데 어릴 때 얼굴과 달라 못 알아보았다.

◆ 두 단어는 의미가 다르니 잘 알아 두자.

◆ 엄마의 음식 솜씨는 역시 다르다.

⚙ **틀리다** : 셈이나 사실 등이 잘못되거나 어긋나다.

　　　　　바라거나 하려는 일이 순조롭게 되지 못하다.

　　　　　마음이나 행동 따위가 올바르지 못하고 비뚤어

　　　　　지다.

'답이 틀리다', '네 말이 틀리다', '방향이 틀리다'와 같이 **틀리다**는 옳고 그른 것을 가릴 때 사용하며 '그르다'와 비슷한 말이다. '틀리다'에는 종종 쓰이는 두 가지 의미가 더 있다. 하나는 '이번 시험에서 성적이 오르기는 틀렸다'처럼 희망대로 되지 않는다는 의미이고, 나머지 하나는 '그 사람은 됨됨이가 틀렸다'처럼 생각이나 하는 행동이 그르고 바르지 않다는 의미이다.

◆ 내가 맞고 너는 틀리다.

◆ 거스름돈이 틀려서 다시 계산한다.

◆ 동작을 한 번도 틀리지 않았다.

◆ 오늘도 일찍 끝나기는 틀린 것 같다.

◆ 그런 말을 하다니 사고방식이 틀렸다.

*형용사_사람이나 사물의 성질, 상태를 나타낸다. 활용할 수 있어 동사와 함께 용언에 속하며, 수식어와 서술어로 쓰인다는 점 또한 동사와 닮은 점이다.

*동사_사물의 동작이나 작용을 나타낸다. 동사는 형용사와 함께 용언에 속하는데 '자다'·'먹다'·'달리다'처럼 움직임을 나타내는 것이 동사라면, 형용사는 '아름답다'·'넓다'·'깊다'처럼 성질이나 상태를 묘사한다. 또 동사는 '먹어라', '먹자'와 같이 명령하거나 요청하는 형태가 가능하지만 형용사는 불가능하다.

*품사_단어를 기능, 형태, 의미에 따라 나눈 갈래. 현재 우리나라의 학교 문법에서는 명사, 대명사, 수사, 조사, 동사, 형용사, 관형사, 부사, 감탄사의 아홉 가지로 분류한다. 순우리말로 품사는 '씨'라고 불리며, 명사는 이름씨, 동사는 움직씨, 조사는 걸림씨, 형용사는 그림씨·어떻씨, 부사는 어찌씨 등으로 부른다.

벌이다, 벌리다

준영이는 드디어 일을 벌였다.
준영이는 드디어 일을 벌렸다.

어느 쪽이 맞을까? 답부터 말하면 '일을 벌이다'가 맞는 표현이다. 발음이 비슷해서인지 두 단어는 구분하지 않고 무심코 같은 단어인 양 사용한다.

벌이다는 어떤 일을 계획해서 시작하거나 펼쳐 놓는다는 뜻으로 '파티를 벌이다', '일을 벌이다', '놀이를 벌이다' 등과 같이 쓸 수 있다. 또 '책상 위에 책을 벌여 놓았다'처럼 **물건을 늘어놓는다는 뜻도 갖는다.** 다음 예문을 꼼꼼히 읽어 보자.

- 공부를 하다가 친구와 논쟁을 벌였다.
- 아빠와 삼촌은 명절마다 바둑판을 벌이신다.
- 친구들이 생일잔치를 벌여 축하해 주었다.
- 일을 벌이고는 나 몰라라 한다.
- 그릇들을 어지럽게 벌여 두고 음식을 한다.

반면 **벌리다**는 둘 사이의 간격이나 공간을 물리적으로 넓히거나 멀게 한다는 뜻으로 '팔을 벌리다', '간격을 벌리다'처럼 사용한다. 또 '생선 배를 벌려 알을 꺼내다'처럼 **껍질 등을 열거나 오므라진 것을**

열리게 한다는 뜻도 있다. 예문을 보자.

- 입을 크게 벌리고 하품을 하다.
- 두 팔을 벌려 간격을 넓히다.
- 전철에서 다리를 쩍 벌리고 앉는 건 실례다.
- 조개껍질을 벌려 살을 발랐다.
- 자루 아가리를 벌린 다음 안에 든 것을 쏟는다.

일은 벌이고 간격은 벌린다는 것을 기억하면 되겠다.

"어려서 부모님을 여의다"
"슬퍼서 얼굴이 여위다"

✿ **여의다**
부모나 사랑하는 사람이 죽어서
이별하다. 딸을 시집보내다.

✿ **여위다**
몸의 살이 빠져 파리해지다.

누리는 요즘 집안 분위기 때문에 걱정이 태산이다. 어느 집보다 웃음이 넘쳐나고 즐거움이 가득한 누리네 집이었다. 그런데 한 달 전 오랫동안 지병을 앓던 외할머니께서 돌아가신 뒤 엄마가 우울증에 걸려 가족 모두 엄마 걱정에 웃음이 사라졌다.

처음에는 외할머니를 **여읜** 엄마가 슬픔을 달래는 중이라고 여겼다. 그런데 엄마는 점점 말이 없어지고 소파에 멍하니 앉아 계시거나 할머니 사진을 손으로 쓰다듬고 또 쓰다듬다 눈물을 흘리는 일이 잦아졌다. 식사 시간이 되어 밥을 차려 놓아도 잘 드시지 않아 얼굴이 **여위고** 눈에 띄게 홀쭉해졌다.

오늘은 엄마를 걱정하던 이모가 엄마와 병원에 다녀오셨다. 엄마의 상태가 무척 걱정된 누리는 이모에게 매달리다시피 하며 어떤 진단을 받았는지 물었다. 이모는, 의사 선생님께서 부모나 사랑하는 사람을 **여읜** 슬픔은 큰 스트레스가 되어 엄마처럼 우울증에 걸리는 경우가 많다고 했다는 말과 함께 치료하면서 시간이 조금 지나면 나아질 거라고 했다고 알려 주었다.

이모에게 엄마가 밥도 잘 안 먹고 울기만 해서 자꾸 **여위어** 가는 게 속상하다고 말하던 누리는 결국 울음을 터뜨렸다. 당분간 누리네 집에서 엄마를 돌봐 주겠다는 이모의 말에 누리는 안심이 되었다. 엄마가 얼른 할머니를 **여읜** 슬픔에서 벗어났으면 좋겠다는 생각을 하다 문득 자신도 나중에 엄마를 **여의면** 엄마처럼 우울증에 걸려 몸이 **여윌까** 하는 생각이 들었다.

누리의 엄마는 가족들의 위로와 격려 덕분에 건강을 회복해 1년이 지난 지금은 씩씩하게 잘 지내신다. 그런데 가족들은 내심 걱정이 된다. 두 달 뒤면 누리의 언니가 결혼을 하기 때문이다. 딸을 **여의어** 서운하고 허전한 마음에 엄마가 또 힘들어하며 할머니가 돌아가셨을 때처럼 몸과 마음이 **여윌까** 봐 그렇다. 누리는 이번에는 엄마께서 언니를 **여읜** 상실감에 빠져 **여위지** 않기를 바라며 매일 엄마에게 애교를 부려서라도 언니의 빈자리를 메꾸리라 다짐한다.

'여의다'와 '여위다'는 글자 생김새가 점 하나 차이여서 잘못 쓰는 일이 흔하다. 하지만 잘못 쓰면 곤란할 만큼 서로 다른 뜻을 가진다. '어려서 부모님을 여의고 고아로 자랐다' 또는 '그녀는 전쟁 통에 폭격으로 남편을 여의었다'처럼 '여의다'는 부모나 사랑하는 사람이 죽어서 이별할 때 쓰는 말이다. 그리고 딸을 시집보낸다는 의미도 지니고 있는데, 이 쓰임은 알아 둘 필요가 있다.

옛날에 아들은 결혼해도 같이 살았지만, 딸은 출가외인이라 하여 결혼하면 멀리 떠나보냈기 때문에 '여의다'라는 표현을 썼다. 물론 현대에는 아들딸 모두 결혼하면 분가를 하니 '자식을 결혼시키다'라는 의미로 바뀌어야 할 것 같다. 아무튼 **여의다**는 죽음, 이별 등을 이유로 곁에 있던 어떤 존재를 멀리 보낸다는 의미로 기억해 두면 된다.

'여원 손', '여원 볼', '여원 몸'처럼 **여위다**는 살이 내린 경우에 주로 쓰는 말이다. 병이나 근심 등으로 눈이 퀭하고 이전보다 마른 데다 안색도 좋지 않은 모습을 여위었다고 표현한다. 그리고 몇 가지 쓰임새가 더 있다. 우선 '살림살이가 여위다'와 같이 집안 형편이 매우 가난하고 구차해진 때, '강줄기가 점차 여위어 간다'와 같이 땅이나 강 등의 부피가 줄어들고 메마른 때, 또 '음악 소리가 차차 여위어 가더니 사라졌다'와 같이 소리나 빛이 작아지거나 어렴풋해진 때를 표현한다.

"여윈 강아지 똥 탐한다"라는 재미있는 속담이 있다. '여위다'의 의미를 익혔으니 이 속담이 무슨 뜻인지 짐작할 수 있을 것이다. 비쩍 마른 강아지의 똥조차 욕심낼 만큼 살림이 여윈 사람이 음식을 탐한다는 말이다.

자, 그럼 '여의다'와 '여위다'를 다시 한번 확인해 보자.

여의다 : 부모나 사랑하는 사람이 죽어서 이별하다.
　　　　　딸을 시집보내다.

'자식을 여의다', '부모를 여의다', '딸을 여의다'와 같이 **여의다**는 사랑하는 사람이 세상을 떠나 이별하거나 자녀를 결혼시킨다는 의미를 가진다. 즉 멀리 떠나보내는 것처럼 누군가를 잃는다는 것을 나타낼 때 조사* '을 / 를' 뒤에 와 '-을 / 를 여의다'라고 쓴다. 다음을 보며 확인하자.

- ◆ 어려서 부모님을 여의고 고생하며 자랐다.
- ◆ 사랑하는 연인을 여의고 슬피 울고 있다.
- ◆ 누군가를 여의는 것은 정말 마음 아픈 일이다.
- ◆ 하루아침에 자식을 여읜 부모는 무슨 정신으로 살까?

◆ 어머니는 딸을 여의고 허전해하신다.

🌼 **여위다 :** 몸의 살이 빠져 파리해지다.
　　　　　　 살림살이가 매우 가난해지다.
　　　　　　 빛이나 소리가 작아지거나 희미해지다.
　　　　　　 땅이나 강 따위가 줄어들고 메말라지다.

‘얼굴이 여위다’, ‘강이 여위다’, ‘소리가 여위다’와 같이 **여위다**는 살이 빠져 메마른 모습이나 무언가 줄어들고 작아진 것을 뜻한다. 비슷한 말로 ‘야위다’라는 말이 있는데, ‘여위다’보다 정도가 덜한 상태이다.

◆ 엄마의 여윈 손을 보니 왈칵 눈물이 났다.
◆ 몸과 마음이 심하게 여윌 정도로 슬픈 일을 겪었다.
◆ 갑자기 살림이 여위어 어머니가 고생하셨다.
◆ 어디선가 들려오던 노랫소리가 서서히 여위어 간다.
◆ 가뭄으로 냇물은 완전히 여위었다.

그럼 다음의 한 문장으로 ‘여의다’와 ‘여위다’를 확실하게 기억해 두자.

자식을 여읜 부모가 슬픔에 잠겨 몸이 여위는 것은 당연한 일이다.

* **조사**_ 낱말들의 관계를 나타낸다. 체언(명사·대명사·수사)이나 부사, 어미 등에 붙어 낱말과 낱말의 문법적 관계를 표시하거나 그 낱말의 뜻을 도와준다. 조사는 '이 / 가'·'을 / 를' 등의 격 조사, '와 / 과'·'(이)며'·'(이)랑' 등의 접속 조사, '만'·'도'·'요' 등의 보조사로 나뉜다.

들르다, 들리다

'들르다'와 '들리다'를 정확하게 구분해서 쓸 수 있다면 맞춤법에 어느 정도 자신해도 된다.

다음 문장 중 어느 것이 맞는지 맞춤법 실력을 점검해 보자.

우리 잠깐 마트에 들르자.

우리 잠깐 마트에 들리자.

답부터 말하자면 위의 '우리 잠깐 마트에 들르자'가 맞다. 어째서 그럴까?

들르다는 지나는 길에 잠깐 들어가 머무른다는 뜻이다. 말하자면 어디어디를 거친다는 것과 비슷하다. 이를테면 '집에 가는 길에 친구 집에 들르다'는 목적지인 집을 향해 가는 도중에 친구 집에 잠깐 머무르는 상황이다.

'들르다'는 어간* '들르'에 어미* '다'가 결합한 동사로 여기에서 어미가 '니', '고', '게', '며', '니까', '자' 등으로 바뀌면 '들르니', '들르고', '들르게', '들르며', '들르니까', '들르자'로 활용된다. **단 '어'와 만나면 '들르 + 어 = 들러'가 되는 특별한 경우만 기억**해 두면 틀리지 않고 제대로 쓸 수 있다.

들리다는 어떤 소리가 귀에 들려올 때 쓰는 단어로, 사람이나 동물의 감각 기관을 통해 소리가 알아차려진다는 의미의 피동사*이다.

'들리다' 역시 '들리(어간) + 다(어미)'이고 어미 '다'가 바뀌어 '들리니', '들리고', '들리게', '들리며', '들리니까', '들리자' 등으로 활용된다. 그리고 '들르다'의 활용형* '들러'처럼 **'어'와 만나면 '들리 + 어 = 들려'가 되는 것을 기억**해 두면 된다. 예문을 보며 한 번 더 확실하게 익혀 앞으로는 혼동하는 일이 없도록 하자.

- 편의점에 들러 우유를 샀다
- 동아리실에 들르니 선배들이 회의를 하고 있었다.
- 심부름으로 할머니 댁에 들렀다 집에 가야 한다.

- 위층에서 이상한 소리가 들려 잠을 이루지 못하다.
- 자려고 누웠는데 두런두런 말소리가 들린다.
- 밤새 바람 소리가 들려 잠을 이루지 못했다.

---

*어간_용언(동사·형용사), 서술격 조사 '-이다'와 같이 활용하는 낱말에서 변하지 않는 부분. 동사 '달리다'와 형용사 '넓다'를 예로 들면 '달리고', '달리니', '넓어', '넓으니' 등으로 활용할 때 변하지 않는 부분인 '달리-'와 '넓-'이 어간이다. 서술격 조사 '-이다'는 '-이고', '-이면', '-이니' 등으로 활용하며 '-이'가 어간이다.

*어미_용언, 서술격 조사가 활용할 때 변하는 부분. 동사 '달리다'와 형용사 '넓다'를 예로 들면 '달리고', '달리니', '넓어', '넓으니' 등으로 활용할 때 어간을 제외한 '-고', '-어', '-니'가 어미에 해당한다.

*피동사_남의 행동을 입어서 행해지는 동작을 나타내는 동사. 예를 들어 '엄마가 아기를 안다'가 '아기가 엄마에게 안기다'로 바뀔 때 '안기다'가 피동사이다. 일부 동사의 어간에 피동형 어미 '-이', '-리', '-히', '-기' 등이 더해지면 피동사가 되는데 '보이다'(보다), '물리다'(물다), '잡히다'(잡다), '안기다'(안다) 따위가 있다.

*활용형_우리말로는 끝바꿈꼴이라고 부르며 어미변화 형식을 이른다. '먹다'를 예로 들면 활용형은 '먹어', '먹고', '먹으니', '먹어서'가 된다. 이때 바뀌지 않는 부분인 '먹-'은 어간이고 바뀌는 부분인 '-어', '-고', '-니', '-어서'는 어미다.

"일부러 나이를 늘리다"
"고무줄을 길게 늘이다"

 늘리다
물체의 넓이, 부피 따위를
본디보다 커지게 하다.

늘이다
본디보다 길어지게 하다.

    수정 선생님은 올해 중학교에 발령을 받은 새내기 교사다. 수정 선생님은 어려서부터 꿈인 선생님이 되기 위해 사범 대학에 진학한 뒤 4년 동안 정말 열심히 공부했다. 노력한 덕분인지 졸업을 앞두고 응시한 임용 고시에 우수한 성적으로 합격했다. 그리고 이듬해 3월에 바로 발령을 받았다.

    이런저런 걱정을 하다가 선배 교사에게 전화해서 좋은 교사가 되기 위한 꿀팁을 알려 달라고 했다. 선배는 대뜸, "수정아, 너 나이부터 **늘려**"라고 말했다. 무슨 말이냐고 되묻자 학생들 앞에서 올해 발령받은 초짜 교사라는 티를 내지 않아야 한다는 설명을 덧붙였다.

"나이를 **늘리는** 건 학생들에게 거짓말하는 거잖아요."

화들짝 놀라 반문하니 선배가 이렇게 대꾸했다.

"학생들에게 얕보이지 않으려면 무조건 나이는 **늘려야** 해. 너의 경력 소개 시간은 **늘이고**. 그러지 않으면 너 낮잡혀서 1년 동안 애 좀 먹을 거야."

빨리 교사가 되어 학교에 출근한 일은 기뻤으나 3학년 담임을 맡은 수정 선생님은 부임 첫날부터 곤욕을 치렀다. 키가 작고 약간 왜소한 수정 선생님은 처음 담임 반 아이들을 보고 왠지 주눅이 들었다. 반 아이들 3분의 2 이상이 수정 선생님보다 키도 크고 몸집도 컸다.

게다가 아이들은 작고 앳되어 보여 미덥지 못했는지 떨리는 목소리로 자기소개를 하는 담임 선생님을 얕보는 듯한 표정으로 "몇 살이세요?", "어느 학교에서 근무하다 오셨어요?" 등 짓궂은 질문들을 해 대기 시작했다.

수정 선생님은 정신이 번쩍 들었다. 그리고 선배의 충고가 떠올라 웃으면서 말했다.

"얘들아, 선생님이 얼굴은 어려 보여도 나이는 꽤 들었어. 그리고 너희와 1년 동안 잘 지내고 싶어. 우리 잘 지내 보자!"

그때 두 번째 줄에 앉은 아이가 옆 친구들에게 이렇게 속삭이는 소리가 수정 선생님의 귀에 들렸다.

"실제보다 나이를 **늘이려는** 것 같은데."

킬킬거리며 웃는 아이들을 보며 이때다 싶어 수정 선생님은 따끔하게 한마디 했다.

"뭐? 나이를 **늘인다고**? 너희 3학년인데 맞춤법을 잘 모르는 것 같네. 좋아! 선생님이 1년 동안 너희를 맞춤법 달인으로 만들어 줘야겠다."

수정 선생님은 그 자리에서 **늘리다**와 **늘이다**를 설명해 주었다. 이 일로 담임 반 아이들은 선생님에 대해 어려 보인다는 선입견을 버리고 오히려 믿음을 갖게 되었다. 수정 선생님은 어떻게 설명했을까?

늘리다 : 물체의 넓이, 부피 따위를 본디보다 커지게 하다.

'나이를 늘리다', '재산을 늘리다', '양을 늘리다'와 같이 **늘리다**는 본래보다 많거나 크게 한다는 뜻으로 넓이, 부피와 관련 있는 단어이다. 또한 수, 시간, 분량, 세력, 능력, 살림 등이 많아지거나 커진다는 뜻으로도 사용한다. 그러니 나이를 본래보다 많게 보태는 것은 '늘리다'가 맞다.

◆ 어른스러워 보이려고 일부러 나이를 늘리다.

◆ 사람 수를 늘리면 좋겠다.

◆ 의학의 발달이 인간의 수명을 늘리고 있다.

◆ 원고 분량을 늘리지 않았다.

◆ 고모 부부는 열심히 저축해 집을 늘려 이사했다.

✿ 늘이다 : 본디보다 길어지게 하다.

'고무줄을 늘이다', '밀가루 반죽을 늘이다', '길이를 늘이다'와 같이 **늘이다**는 본래보다 길게 한다는 뜻이다. 엿이나 고무줄 같은 물체를 힘으로 잡아당겨서 길게 할 때도 이 표현을 쓴다.

◆ 커튼이 짧아 길이를 늘이다.

◆ 단을 늘이니 바지가 길어졌다.

◆ 키를 늘이려고 매일 스트레칭을 한다.

◆ 엿가락을 늘였더니 가늘어졌다.

◆ 고무줄을 잡아당겨 늘여서 팅기다.

'늘이다'는 길이가 길어지는 것, '늘리다'는 길이 외의 것이 많아지거나 커지는 것으로 알아 두자.

매다, 메다

컴퓨터로 한글 문서를 작성할 때 '매다', '메다'라고 쓰면 글자 자체는 맞춤법에 어긋난 것이 아니어서 오타에 나타나는 빨간 줄이 쳐지지 않는다. 이 둘은 각기 다른 뜻을 가진 단어이지 비표준어가 아니기 때문이다.

매다는 끈이나 줄 따위의 양쪽이 풀리지 않게 묶는다는 뜻을 갖는 동사이다. 또 **어떤 데에서 떠나지 못하고 의지하거나 전력을 다하는 상태**를 표현하기도 한다.

- 아버지는 항상 넥타이를 매고 출근하신다.
- 운동화 끈을 단단히 매고 달리기 시작했다.
- 한복 저고리의 옷고름을 매다.
- 합격 소식에 목을 매고 기다린다.

메다는 어깨에 걸치거나 올려놓는다는 뜻을 갖는 동사이다. 사물을 어깨 위에 올려놓거나 걸치는 것이니 가방, 배낭, 짐 등이 나오면 당연히 '메다'라고 쓴다. 그 밖에 **비어 있는 곳이 막혔을 때, 감정이 고조되어 목소리가 나오지 않을 때**도 메다를 쓴다.

- 등에 배낭을 메다.
- 총을 멘 군인들이 행진한다.

- 가방이 무거워 어깨에 멨다.
- 낙엽에 하수도 구멍이 메어 빗물이 역류한다.
- 슬픈 나머지 목이 메고 눈물만 흐른다.

학교에 갈 때 신발 끈을 단단히 매고 가방을 메고 나서자.

"사람을 해치다"
"풀숲을 헤치다"

해치다
어떤 상태에 손상을 입혀
망가지게 하다.
사람의 마음이나 몸에
해를 입히다.

헤치다
앞에 걸리는 것을 좌우로
물리치다.

"곰 3마리가 탈출했으니 외출을 자제해 주십시오."

2022년 12월 8일 오후 11시 25분쯤 울산시 울주군 일대 주민들은 이런 재난 문자를 받았다. 지진이나 태풍·화재가 났다는 재난 경고가 아니라 곰을 조심하라는 내용의 경고 메시지였다. 경찰과 엽사* 등이 동원되어 곰을 수색하던 중 발견되어 모두 사살했다는 소식이 다음 날 오후에 전해졌다. 곰들은 아기 곰 시절

우유를 먹이며 키워 준 60대 부부를 **해치고** 달아난 것이다. 이전에도 농장을 탈출해 야산을 **헤치며** 돌아다녀 동네를 발칵 뒤집어 놓은 적이 있어 곰을 농장에서 키우는 합법 사육에 관해 논란이 있었다.

강인이는 이 기사를 보고는 강아지 레오가 생각났다. 레오는 강인이의 생일에 맞추어 아빠가 유기견 보호소에서 입양한 털이 검은 래브라도리트리버다. 래브라도리트리버는 몸집이 큰 대형견이면서도 순해서 인기 있는 견종이다.

레오에 푹 빠진 강인이는 학교에서 돌아오면 꼭 산책을 데리고 나간다. 그런데 레오가 검은색 털에 덩치가 크기 때문에 산책을 하다 마주치면 사람들은 혹시 자신들을 **해치지나** 않을까 슬슬 피하거나 아예 무섭다고 말하기도 한다. 그래서 강인이는 레오의 목줄을 짧게 쥐고 사람들의 발길이 드문 곳으로 다닌다. 레오는 참 착하고 순한데 그걸 모르는 사람들이 야속하고 속상하다.

며칠 전에는 가까운 공원에 갔는데 그날따라 레오가 꽃나무와 풀을 **헤치며** 킁킁 냄새를 맡는 행동을 좀 크게 반복했다. 강인이는 레오가 오랜만에 탁 트인 공원에 나와 기분이 좋아서 그런다고 생각했지만, 그 모습을 본 한 아저씨가 레오가 공격성을 드러내는 거 아니냐며 사람이라도 **해치면** 안 되니 빨리 데리고 가라고 말했다. 아무것도 모르는 레오가 설상가상으로 사람들에게 앞발을 들어 올리며 애교를 부리자, 사람들은 기겁하고 달아났다. 강인이는 너무 속상해 집으로 돌아와 레오를 안고 중 얼거렸다.

"레오야, 사람들이 래브라도리트리버는 아주 영리하고 온순해서 맹인 안내견이나 마약 탐지견 등 사람을 돕는 강아지라는 걸 알면 좋을 텐데. 그런데 왜 털 색깔과 몸집만 보고 자신들을 **해칠지도** 모른다는 선입견을 갖는 걸까?"

강인이와 레오의 이야기에서 우리는 '해치다'와 '헤치다'라는 두 단어를 만났다. '해치다'와 '헤치다'는 앞에서 설명한 '매다'와 '메다'처럼 ㅐ와 ㅔ의 차이로 뜻이 달라지는 단어이다. 당연히 뜻과 쓰임을 확실하게 알아 두지 않으면 잘못 사용해 엉뚱한 오해를 받기 십상이다.

해치다는 마음·건강·질서 등에 문제가 생기게 하거나 상처를 주고 망가뜨리는 것이고, **헤치다**는 걸림돌·장애물이나 가리고 있는 것을 물리적으로 없애는 것이라고 요약할 수 있다. 이 두 단어의 대표적 의미는 앞에서 설명한 뜻이지만 몇 가지 의미를 구체적으로 살펴보자.

'해치다'에는 '손상을 입혀 망가뜨리다', '사람의 마음이나 몸에 해를 입히다', '다치게 하거나 죽이다'라는 세 가지 뜻이 있다. 각각 예를 들면 '공공질서를 해치다', '담배는 건강을 해친다', '무고 한 사람을 해쳐서는 안 된다'와 같이 표현한다. 그리고 '헤치다'에는 '속에 든 물건을 드러나게 하려고 덮인 것을 파헤치다', '모인 것을 흩어지게 하다', '앞에 걸리는 것을 좌우로 물리치다', '방해되는 것을 이겨 나가다', '안정되거나 정돈된 상태를 흐트러뜨리다'라는 뜻이 있다. 각각 예를 들면 '흙더미를 헤치다', '헤쳐 모여', '파도를 헤쳐 나가다', '역경을 헤치다', '요란한 발소리가 조용하던 분위기를 헤치다'와 같이 표현하다.

그렇다면 '새로 지은 아파트가 주변 경관을 해친다'와 '새로 지은 아파트가 주변 경관을 헤친다' 중 어느 것이 맞을까? 주변 경관에 손상을 입혔으니 '해치다'가 맞는 표현이다. 이번에는 '구름을 해치고 해가 나왔다'와 '구름을 헤치고 해가 나왔다'는 어느 것이 맞을까? 하늘을 덮고 있는 구름을 젖히고 해가 나왔으니 '헤치다'가 맞는 표현이다.

자, 그럼 '해치다'와 '헤치다'를 다시 한번 확인해 보자.

✿ **해치다** : 어떤 상태에 손상을 입혀 망가지게 하다.

사람의 마음이나 몸에 해를 입히다.

다치게 하거나 죽이다.

'생명을 해치다', '환경을 해치다', '몸을 해치다'와 같이 **해치다**는 어떤 대상에 해를 입히거나 손상을 입혀 못 쓰게 만든다는 뜻이다. 비슷한 낱말로 '망가뜨리다', '버리다', '망치다'가 있다.

◆ 동물일지라도 함부로 생명을 해쳐서는 안 된다.

◆ 쓰레기가 도시 환경을 해치고 있다.

◆ 지나친 음주는 건강을 해친다.

◆ 그의 차가운 말이 내 마음을 해쳤다.

◆ 폭력은 인간의 존엄성을 해치는 행동이다.

🌼 **헤치다** : 속에 든 물건을 드러나게 하려고 덮인 것을 파거나
젖히다.
모인 것을 제각기 흩어지게 하다.
앞에 걸리는 것을 좌우로 물리치다.
방해되는 것을 이겨 나가다.
안정되거나 정돈된 상태를 흐트러지게 하다.

'풀숲을 헤치다', '파도를 헤치다', '난관을 헤치다'와 같이 **헤
치다**는 걸리적거리거나 방해가 되는 것을 젖히거나 이겨 낸다
는 뜻이다. 비슷한 낱말로 '극복하다', '헤집다', '뚫다', '들쑤시
다'가 있다. 예문으로 각각의 뜻을 익혀 두자.

◆ 더워서 점퍼 앞자락을 풀어 헤치다.

◆ 경찰이 시위대를 헤치게 했다.

◆ 인파를 헤치며 조심조심 나아갔다.

◆ 그에게는 어려움을 헤치고 나아갈 힘이 없다.

◆ 반갑지 않은 일이 벌어져 집 안 분위기를 헤쳤다.

*엽사_'사냥꾼'을 높여 부르는 말.

어떻게
구분하지?

비치다, 비추다

친구들과 대화를 나누거나 글을 읽고 쓰다 보면 '어, 이게 맞나?' 싶을 때가 있다. '비치다'와 '비추다'는 매번 헷갈려서 그때마다 찾아보게 되는 단어들이다. 다음을 보자.

거울에 얼굴을 비치다.
거울에 얼굴을 비추다.

둘 중 어느 것이 맞을까? 고개를 갸우뚱하게 된다.
비치다는 빛이 나서 환해지거나 빛을 받아 사물의 모양이 나타나 **보이는 상황**을 나타내는 동사이다. 예문으로 확인하자.

• 호수에 달빛이 **비쳐** 환하다.

- 창문에 비친 그림자를 보고 놀라다.
- 내 삶에 구원의 빛이 비쳤다.

그럼 '비추다'는 어떤 상황에서 사용할까? **비추다는 빛을 내는 대상이 다른 대상에 빛을 보내어 밝게 할 때, 빛을 반사하는 물체에 어떤 물체의 모습이 나타나게 할 때 사용**한다. 이 설명으로 보아 처음의 두 문장 중에서 '거울에 얼굴을 비추다'가 맞는 것임을 알 수 있다.

- 달빛이 호수를 환하게 비추다.
- 손전등으로 어두운 골목을 비추었다.
- 거울에 내 모습을 비추어 보았다.

위 예문을 보면 **비치다는 '-이 비치다'와 같이 주어와 함께 쓰이고, 비추다는 '-을 비추다'와 같이 목적어*와 함께 쓰인다**는 사실을 알 수 있다.

그런데 두 단어에는 알아 두면 좋은 뜻이 더 있다. **비치다**에는 '가기 싫어하는 기색이 비쳤다'와 같이 **뜻이나 마음이 드러나 보인다**는 뜻과, '내 눈에는 무례한 사람으로 비쳤다'와 같이 **무엇으로 보인다는 뜻**이 있다. 또 **비추다**에는 '선생님 말씀에 비추어 생각해 보니 내가 잘못했다'와 같이 **'-에 비추어' 꼴로 쓰는 어떤 것과 관련하여 견주어 본다는 뜻**이 있다.

*목적어_ 문장을 구성하는 성분 중 하나. 타동사가 쓰인 문장에서 동사가 나타내는 동작의 대상이 되는 존재를 이르며 조사 '을 / 를'이 붙는다. 이를 테면 '나는 버스를 탄다'에서 '버스를', '수철이는 빵을 먹는다'에서 '빵을', '은표는 공룡을 좋아한다'에서 '공룡을'이 목적어이다.

"행복을 좇다"
"도둑을 쫓다"

 좇다
목표나 이상, 행복 따위를
추구하다.

쫓다
어떤 대상을 잡거나 만나기
위하여 뒤를 급히 따르다.

  우리가 자주 쓰는 말 중에는 대화를 하거나 문장을 읽고 글을
쓸 때 '어? 이게 맞나?' 싶은 단어들이 있다. '좇다'와 '쫓다'가 그
렇다.
  할아버지의 유언에 따라 유산을 상속받은 이야기를 보며 두
단어의 뜻을 생각해 보자.

택이는 얼마 전 돌아가신 할아버지께서 자신에게 유산을 남겼다는 말을 들었다. 언제나 자신을 아끼고 사랑해 주신 할아버지께서 세상을 떠나 무척 슬퍼하던 택이는 유산 이야기를 듣고는 할아버지가 새삼 더욱 그리워 눈물이 났다.

큰아버지와 고모들은 택이 말고도 손주가 여럿 있는데, 왜 할아버지가 택이에게만 따로 유산을 남기셨느냐며 의아해했다. 그도 그럴 것이 할아버지의 유산은 집안에서 대대로 내려오는 귀한 도자기였기 때문이다. 그러나 변호사가 법적으로 할아버지의 유언을 **좇아야** / **쫓아야** 한다고 하자 울며 겨자 먹기로 인정할 수밖에 없었다.

잠깐! 여기에서 '할아버지의 유언을 좇다'가 맞을까? 아니면 '할아버지의 유언을 쫓다'가 맞을까?

'좇다'와 '쫓다'는 자칫하면 같은 뜻을 가진 낱말이고, '쫓다'가 좀 더 강조하는 것으로 착각하기 쉽다. 하지만 **좇다**는 남의 말이나 뜻을 따르거나 무엇인가를 추구한다는 의미를, **쫓다**는 무언가를 잡기 위해 급한 걸음으로 따라간다는 의미를 갖는다. 그렇다면 할아버지의 유언은 말인 데다 유언에는 할아버지의 뜻이 담겨 있으니 '유언을 좇아야'가 맞는 표현이다.

이번에는 두 단어를 어떻게 발음해야 옳은지 보자. '좇다'의 발음은 [졷따]라고 해야 하고, '좇아'는 [조차], '좇는'은 [존는],

'좇으니'는 [조츠니]라고 발음한다. 그리고 '쫓다'는 [쫃따], '쫓아'는 [쪼차], '쫓는'은 [쫀는], '쫓으니'는 [쪼츠니]라고 발음한다.

이 가운데 '좇는'과 '쫓는'은 제대로 발음하기가 어려워 소개하는 것이니, 이번 기회에 뜻은 물론 발음까지 알아 두면 분명 쓸모가 있을 것이다.

자, 그럼 '좇다'와 '쫓다'를 다시 한번 확인해 보자.

좇다 : 목표나 이상, 행복 따위를 추구하다.

남의 말이나 뜻을 따르다.

규칙이나 관습 따위를 지켜서 그대로 하다.

'행복을 좇다', '유언을 좇다', '규칙을 좇다'와 같이 **좇다**는 자신이 추구하는 바나 행복 등을 추구한다는 의미를 비롯해 남의 말이나 뜻, 규칙이나 관습 따위를 따른다는 뜻이 있다. 다음 예문에서 '좇다'가 어떤 의미에 해당하는지 생각하며 읽어 보자.

- ◆ 누구나 자신의 행복을 좇으며 살아간다.
- ◆ 꿈을 좇아 노력하는 학생들의 모습은 보기 좋다.
- ◆ 부모님의 의견을 좇아 의대에 갔다.
- ◆ 신념을 좇자니 목숨이 위태롭다.
- ◆ 가풍을 좇아 장례를 치렀다.

✿ **쫓다** : 어떤 대상을 잡거나 만나기 위하여 뒤를 급히 따르다.

어떤 자리에서 떠나도록 몰다.

밀려드는 졸음이나 잡념 따위를 물리치다.

'범인을 쫓다', '벌레를 쫓다', '근심을 쫓다'와 같이 **쫓다**는 대상을 잡기 위해 뒤를 따라간다는 뜻과 졸음이나 잡생각을 떨친다는 뜻이다. 다음 예문에서 '쫓다'가 어떤 의미에 해당하는지 생각하며 읽어 보자.

◆ 담을 넘은 도둑을 쫓다.

◆ 어머니가 반찬에 앉은 파리를 손으로 쫓았다.

◆ 계단으로 굴러가는 공을 쫓아 뛰어간다.

◆ 사고 당시 악몽을 쫓기 위해 애쓴다.

◆ 우군과 적군 사이에 쫓고 쫓기는 추격전이 벌어졌다.

마지막으로 '좇다'와 '쫓다'를 구분하는 요령 하나를 말하자면 추상적 개념에는 '좇다'를, 구체적 행동에는 '쫓다'를 쓴다고 기억해 두자.

당기다, 땅기다

스트레스를 받거나 우울한 날에는 유독 단 것이 땡긴다고 말하는 사람들이 많다. 그런데 '땡기다'는 표준어가 아니다. 표준어가 아니니 당연히 틀린 표현이다.

그럼 뭔가 먹고 싶고 입맛이 돋우어질 때는 어떤 동사를 써야 올바를까? 바로 '당기다'이다. 따라서 '입맛이 당기다', '단것이 당기다'로 써야 맞는다. **당기다**는 '입맛이 생기다' 외에 '관심이 쏠리거나 마음이 끌리다', '무엇인가를 가까이 오게 하다', '시간이나 기일·순서를 앞으로 옮기거나 줄이다' 등을 의미한다. 예문을 보며 하나씩 익혀 보자.

- 오늘은 매운 음식이 당긴다.
- 수입이 좋다는 말에 관심이 당겨 유튜브 채널을 개설했다.
- 공부하려면 의자를 당겨 앉아라.
- 적에게 방아쇠를 당기다.
- 약속 시간을 당겨도 될까요?

'구미가 당기다'라는 표현이 있다. 구미는 한자 입 구(口)와 맛 미(味)가 합해진 낱말로 순우리말로는 '입맛'이다. 구미와 입맛은 동의어지만 뉘앙스에 차이가 있어 **음식을 먹고 싶다는 표현은 '입맛이 당기다'라고 쓰는가 하면, 욕심이 일거나 관심이 생긴다는 표현은 '구**

미가 당기다'라고 **쓴다**는 사실도 알아 두자.

땅기다는 몹시 단단하고 팽팽해진다는 뜻인데, 피부나 근육의 힘줄이 팽팽해지거나 긴장되어 뭔가 잡아당기는 느낌이 들 때 사용한다. 이를테면 '운동을 하고 난 다음 날 허벅지가 땅긴다', '로션을 바르지 않아 얼굴이 땅긴다' 같은 경우이다. 예문을 보자.

- 겨울철이 되면 피부가 **땅긴다**.
- 윗몸 일으키기를 했더니 배가 **땅겨** 웃을 때마다 아프다.
- 넘어져서 딱지가 앉은 곳이 **땅기고** 간지럽다.

이제부터 무엇이 마음에 끌릴 때는 **당기다**를, 신체 부위가 긴장 상태일 때는 **땅기다**를 알맞게 쓰도록 하자.

"퍼즐을 맞추다"
"정답을 맞히다"

맞추다
서로 떨어져 있는 부분을
제자리에 맞게 대어 붙이다.

맞히다
문제의 정답을 틀리지 않게
하다.

영재는 중학생이 된 뒤 '요즘처럼 무엇인가에 이렇게 몰두한
적이 있었을까?' 싶을 만큼 친구들과 열중하고 있는 일이 있다.
다음 주 수요일 학교에서 실시하는 '교내 맞춤법 골든벨 대회'
에 참여할 준비가 바로 그것이다.

한글날을 맞아 학생들의 맞춤법 실력을 높여 보자는 취지로
국어과 선생님과 학생회 행사부가 함께 기획하고 실시하는 대

회여서인지 푼짐한 부상*이 걸렸다. 맞춤법 문제를 전부 **맞히고** 골든벨을 울리는 학생에게 상장과 상품이 주어지는 건 물론이고, 그 학생이 속한 학급에는 피자와 넉넉한 간식 보따리가 제공된다는 안내 방송이 전해지자 전교가 술렁거렸다.

영재네 반은 학년에서 국어를 가장 잘하는 학급이다. 방송을 듣자마자 희정이가 용수철이 튀어 오르듯이 벌떡 일어나 의자 위에 올라서더니 오른팔을 번쩍 들어 머리 위로 승리의 브이를 만들어 보였다. 그러고는 친구들을 향해 개그맨 목소리를 흉내 내며 외쳤다.

"얘들아, 우리 같이 준비해서 맞춤법 문제를 모조리 **맞춰** 버리자."

희정이의 우스꽝스러운 표정과 몸짓, 말투에 아이들이 깔깔대며 웃었다. 어떤 아이는 책상을 두드리며 웃고, 어떤 아이는 배꼽을 잡고 웃었다. 그때 누군가 아주 차갑고 낮은 목소리로 이런 말을 내뱉었다.

"야, **맞추긴** 뭘 **맞춰**? 퍼즐이냐? **맞추게**?"

분위기를 싸늘하게 만든 목소리의 주인공은 재훈이었다. 반 아이들의 시선이 재훈이에게 쏠렸다. 재훈이는 진지한 표정으로 희정이를 노려보듯이 뚫어지게 쳐다보고 있었다.

"우리가 맞춤법 문제를 모두 **맞추고** 골든벨을 울리자는데 뭐가 잘못됐냐?"

희정이는 재훈의 태도에 기죽지 않고 소리치듯이 대꾸했다.

"쯧쯧! **맞추다**와 **맞히다**도 제대로 구분하지 못하는 맞춤법 실력으로 무슨 골든벨을 울린다는 건지……."

혀를 차며 무시하는 듯한 재훈의 말투에 희정이는 단단히 화가 나 이렇게 말했다.

"그럼 뭔데? 잘난 척만 하지 말고 설명해 보라고!"

영재는 희정이와 재훈이를 번갈아 쳐다보다 국어 시간에 배운 **맞추다**와 **맞히다**의 차이를 떠올렸다. '-추-'와 '-히-'의 차이로 뜻이 달라지는 단어여서 친구들과 영재도 곧잘 틀리게 쓰는 단어이다. 선생님께서 어떻게 하면 **맞추다**와 **맞히다**의 뜻을 정확하게 구분해서 쓸 수 있는지 설명하면서 뜻과 활용을 잘 기억해 두라고 하신 말씀도 생각났다.

평소 친구들에게 자신이 알고 있는 것들을 가르쳐 주기 좋아하는 재훈이가 설명한 내용은 다음과 같다.

먼저 **맞추다**는 서로 떨어져 있는 부분을 제자리에 맞게 대어 붙인다는 의미로 가장 많이 쓰이는데 '퍼즐을 맞추다', '그림 조각을 맞추다', '레고를 맞추다'와 같은 경우다. 그다음으로 많이 쓰이는 뜻이 둘 이상의 일정한 대상을 나란히 놓고 비교하여 살핀다는 것이다. '시험을 보고 난 뒤 친구들끼리 서로 답을 맞추어 본다'와 같은 경우에 해당한다. 사실 '맞추다'는 이 밖에도

'카메라 초점을 얼굴에 맞추다', '발걸음을 맞추다', '비위를 맞추다', '안경을 맞추다' 등과 같이 여러 뜻을 갖는다.

반면 **맞히다**는 문제의 답을 틀리지 않게 한다는 뜻이므로 '퀴즈를 맞추다'가 아니라 '퀴즈를 맞히다', '정답을 맞추다'가 아니라 '정답을 맞히다'가 옳다. 따라서 '문제를 맞추다'는 틀린 표현이다.

그런데 국어사전에서 '맞히다'를 찾아보면 "'맞다'의 사동사"라는 뜻풀이가 있다. 말이 나왔으니 사동사란 무엇인지 간단히 알아보자. 사동사는 자기가 하지 않고 남에게 하게 하는 상황에 쓰이는 것으로 어간에 '-이', '-히', '-리', '-기', '-우', '-구', '-추' 등이 붙어 만들어진다. '먹다'의 사동사 '먹이다', '부딪다'의 사동사 '부딪히다', '듣다'의 사동사 '들리다', '웃다'의 사동사 '웃기다'와 같이 말이다. '예방주사를 맞히다'나 '머리에 공을 맞히다'도 여기에 해당한다.

사실 '맞추다'도 '맞히다'와 마찬가지로 '맞다'의 사동사이지만 서로 뜻이 달라진 것이다. 정리하자면 **맞추다**는 '똑바르게 하다'와 '비교하다'라는 뜻이고, **맞히다**는 '맞게 하다'와 '적중하다'라는 뜻이다.

친구들은 재훈이의 군더더기 없는 설명에 감탄해 일제히 손뼉을 치며 대회 준비를 열심히 해서 꼭 피자와 간식 보따리를 선물로 받자고 뜻을 모았다.

자, 그럼 '맞추다'와 '맞히다'를 다시 한번 확인해 보자.

🌼 **맞추다** : 서로 떨어져 있는 부분을 제자리에 맞게 대어 붙
       이다.
       둘 이상의 대상을 나란히 놓고 비교하여 살피다.
       어떤 기준에 어긋나지 않게 하거나 조화를 이루다.
'조각을 맞추다'와 같이 제자리를 찾아 끼워 넣는 뜻이 대표적
인 의미이며, 앞에서 설명한 것처럼 여러 의미가 있으니 예문으
로 확인해 보자.

- ◆ 나는 퍼즐 맞추는 것을 좋아한다.
- ◆ 고장 난 시계의 부품을 다시 맞추었다.
- ◆ 친구들과 여행 일정을 맞추다.
- ◆ 학원 끝나는 시간에 맞추어 갈게.

🌼 **맞히다** : 문제에 대한 답을 틀리지 않게 하다.
       눈, 비를 닿게 하다.
       침, 주사로 치료받게 하다.
'맞히다'는 위에서 보았듯이 답을 적중하여 맞게 한다는 뜻이

다. 여전히 헷갈린다면 문장에서 '맞다'로 바꾸어 어색하지 않으면 '맞히다'로 쓰면 된다.

- ◆ 아슬아슬하게 정답을 맞혔다.
- ◆ 마지막에 10점짜리 과녁을 맞혀 금메달을 땄다.
- ◆ 준호가 찬 공이 골대를 맞히고 빗나갔다.
- ◆ 아끼는 가방인데 우산이 없어 비를 맞히다니…….
- ◆ 예방주사를 맞히러 아기를 데리고 병원에 갔다.

한 가지 덧붙이자면 제대로 발음하지 않으면 '맞추다'·'맞히다'와 헷갈려 잘못 사용하는 단어로, '끝나다'·'끝나게 하다'라는 의미의 '마치다'가 있다는 점도 알아 두면 도움이 된다.

---

*부상 _본상(本賞)에 딸린 상금이나 상품.

띠다, 띄다

'띠다'와 '띄다'는 장음으로 발음하는 것까지 똑같아서 많은 사람이 구분하기 어려워하는 단어이므로 문맥을 잘 살펴보고 구분하는 수밖에 없다. 다음 두 문장 중 옳은 것을 골라 보자.

미소를 띠며 말했다.
미소를 띄며 말했다.

정답은 첫 번째 문장 '미소를 띠며 말했다'이다. 망설임 없이 맞는 문장을 골랐다면 '띠다'와 '띄다'의 기본 의미를 정확하게 알고 있는 것이다. 우리말에는 둘 이상의 뜻을 가진 단어가 대부분인데 '띠다'와 '띄다'도 그렇다.

'띠다'는 다섯 가지 정도의 뜻을 지닌 단어이다. 다음의 설명과 예문을 함께 확인하자.

첫째, 끈이나 띠 따위를 두르다.
- 허리에 벨트를 띠다.

둘째, 용무나 직책·사명 따위를 지니다.
- 큰 사명을 띠고 일을 추진한다.

셋째, 감정이나 기운 따위를 나타내다.
- 토론 대회가 열기를 띠기 시작했다.

넷째, **어떤 성질을 가지다.**

- 노여운 기운을 띠는 성난 표정이다.

다섯째, **빛깔이나 색채를 가지다.**

- 붉은빛을 띤 장미가 담장에 피었다.

한편 띄다는 '뜨이다'의 준말로 눈에 들어온다는 뜻을 지니지만 더러 청각에도 쓰인다. 비슷한 말로 '나타나다', '돋보이다', '두드러지다'가 있다.

- 빨간 옷이 그의 눈에 띄었다.
- 시험지를 받고 어제 공부한 부분이 눈에 띄어 안심되었다.
- 친구의 행동이 눈에 띄게 달라졌다.
- 우연히 귀가 번쩍 띄는 이야기를 듣다.

대체로 **감정이나 색과 관련이 있으면 띠다를**, 눈이나 귀와 관련이 있으면 **띄다를 쓴다는** 사실을 기억해 두자.

"여권을 갱신하다"
"신기록을 경신하다"

갱신하다
이미 있던 것을 고쳐 새롭게
한다.

경신하다
경기 등에서 종전의 기록을
깨뜨린다.

앞에서 본 '띄다'와 '띠다'처럼 흡사한 철자에 발음이 같거나 비슷해서 맞춤법이 더 헷갈리는 단어는 의외로 많다. 발음이 비슷하다 보니 별생각 없이 엉뚱한 의미의 단어를 잘못 사용하여 낭패를 본 경험이 누구에게나 한 번쯤은 있을 것이다.

이번에는 '갱신하다'와 '경신하다'를 살펴보도록 하자.

경수는 누나의 국제고등학교 진학을 축하하기 위해 방학 기간에 가족과 해외여행을 가게 되었다. 가족과 의논해 여행지는 태국으로 정했다. 경수가 초등학교 3학년 때 가족과 함께 베트남을 다녀온 후 누나의 국제고등학교 입시 준비로 5년 만에 가게 된 해외여행이라 가족 모두 한껏 들떴다.

경수네 가족은 여행지에 대한 정보를 검색하며 이런저런 계획을 세웠다. 그런데 가족의 여권을 찾아보던 누나가 갑자기 외쳤다.

"엄마, 우리 가족 여권의 기한 만료가 얼마 안 남았어요. 여권을 **갱신해야겠어요!**"

확인해 보니 여권 사용 기한이 5년이어서 가족 모두 **갱신해야** 했다. 누나가 미성년자인 나와 누나의 여권을 어떻게 **갱신하는지** 알아보았다. 학교를 조퇴하고 여권을 **갱신하러** 가야 하나 걱정했는데, 다행히 미성년자는 여권을 **갱신하는** 데 필요한 서류와 준비물을 부모님이 가져가면 발급받을 수 있다고 한다.

엄마는 우리의 기존 여권, 여권 발급 신청서, 법정 대리인 동의서 등을 준비하고 어제 촬영한 여권 사진을 챙겨 아빠와 같이 구청에 다녀오셨다. 그리고 2주 뒤 새로운 여권을 받아든 우리 가족은 여권을 들고 기념 촬영까지 했다. 기대에 들뜬 누나가 앞으로 가족들에게 축하할 일이 생길 때마다 기념 여행을 다녀와 여권을 여러 나라의 도장으로 채우며 기록을 **경신하자고** 제안했다.

누나 이야기를 들으면서 경수는 **갱신하다**와 **경신하다**가 어떻게 다른지 궁금증이 생겼다.

"**갱신? 경신?** 그게 그거* 아닌가?"

그러자 누나가 이 한마디를 던지고는 공부할 게 많다며 서둘러 방으로 들어가 버렸다.

"기록은 **경신하고**, 면허는 **갱신하고**."

궁금한 게 있으면 못 참는 경수는 사전을 찾아보았다.

'갱신하다'와 '경신하다'에는 각각 세 가지 뜻이 있는데, 그 가운데 이미 있는 것을 고쳐 새롭게 한다는 첫 번째 뜻은 두 단어에 공통된다. 즉 두 단어의 첫 번째 뜻이 같다는 말이다. 사실 '갱신하다'와 '경신하다'를 한자로 쓰면 둘 다 '更新하다'인데, 한자 更 자가 '다시 갱'과 '고칠 경'으로 읽혀서 헷갈리는 단어다. 일체(一切)와 일절(一切)처럼 음을 두 개 가진 한자가 문제인 셈이다.

경수네 가족처럼 여권을 다시 만들어야 할 때나 계약 등을 연장할 때는 법률관계의 존속 기간이 끝나 그 기간을 연장한다는 뜻을 가진 **갱신하다**를 이용해 '여권을 갱신하다', '계약을 갱신하다'라고 쓴다.

경신하다에는 '갱신하다'와 동일한 의미인 이미 있는 것을 고쳐 새롭게 한다는 뜻 말고 기록을 깬다는 뜻이 있어 '달리기 기록을 경신하다', '최고 점수를 경신하다'와 같이 쓰인다.

'갱신하다'와 '경신하다'의 의미를 이해한 경수는 혼잣말을 했다.

"아하, 그래서 올림픽이나 운동 경기에서 신기록이 나오거나 종전의 기록이 깨지면 기록을 **경신했다**고 하는 거구나. 지난번에 승주가 황선우 선수가 자유형 200미터에서 주니어 세계 기록을 **갱신했다**고 한 건 틀린 표현이었네."

가족들과의 해외여행을 계기로 '갱신하다'와 '경신하다'의 차이를 확실하게 알게 된 경수는 내일 학교에 가면 승주에게 가르쳐 주어야겠다고 생각하며 공부용 패드에 다음처럼 구체적인 예문과 함께 자세히 정리했다.

갱신하다 : 이미 있던 것을 고쳐 새롭게 하다.

법률관계의 존속 기간이 끝났을 때 그 기간을 연장하다.

기존의 내용을 변동된 사실에 따라 변경·추가·삭제하다.

'교칙을 갱신하다', '결재 시스템을 갱신하다'와 같이 기존에 있는 것을 수정하여 새롭게 만든다고 말할 때 사용한다.

◆ 교실 환경을 갱신하자고 의견을 모았다.

◆ 기간이 만료된 여권을 갱신하다.

◆ 운전면허증을 갱신하기 위해 사진을 찍었다.

◆ 갱신된 보험 약관을 확인해야 한다

◆ 생활 기록부 내용을 갱신하다.

경신하다 : 이미 있던 것을 고쳐 새롭게 하다.

기록경기 따위에서 종전의 기록을 깨뜨리다.

어떤 분야의 종전 최고치나 최저치를 깨뜨리다.

위 세 가지 뜻을 가졌지만 '경신하다'는 주로 1분, 1초를 다투는 운동 경기 등에서 새로운 기록을 냈을 때 사용한다.

◆ 노사 간에 단체 협상을 경신하려다 결렬되었다.

◆ 김 선수는 빙상 경기 세계 기록을 경신했다.

◆ 그 선수는 매년 자신의 기록을 경신한다.

◆ 올여름 최고 기온이 경신되었다는 기사를 보았다.

◆ 엔화 가치가 하락하여 최저치를 경신하고 있다.

'갱신하다', '경신하다'는 '다시 갱', '고칠 경'을 반드시 기억해 두어야 틀리지 않을 수 있다.

***그게 그거다**_어떤 사실이나 일이 서로 차이가 없다는 뜻의 관용구.

어떻게
구분하지?

베다, 배다

가족들과 외식에 나서면 찾게 되는 고깃집. 그런데 옷은 말할 나위 없고 온몸에 스며드는 냄새 때문에 먹을 때는 맛있지만 먹고 나면 신경이 쓰여 가끔은 꺼려진다. 요즘은 의자 뚜껑을 열어 옷과 가방 등을 보관하도록 배려하는 식당들이 점점 늘어나고 있다.

고깃집에서 "옷에 냄새가 〇〇 않게 의자 밑에 넣으세요"라고 안내 받을 때, '베다'와 '배다' 중 어느 걸 써야 할까? '배다'가 정답이다.

'베다'와 '배다'는 철자는 다르지만 ㅐ와 ㅔ를 제대로 구분해서 발음 하기가 어려워 똑같이 읽다 보니 혼동해서 쓰게 되고 쓰면서도 늘 주뼛거리게 된다.

먼저 **베다**는 자르거나 가른다는 뜻을 갖는다. 즉 칼이나 가위처럼 날이 있는 연장이나 이빨로 자르는 상황에 사용한다. '베다 = 자르 다'로 공식처럼 외워도 좋다. 또 머리 아래에 뭔가를 받칠 때 쓰는 **베다**도 있다는 것까지 알아 두자.

배다는 냄새, 생각, 느낌, 버릇 따위가 스며들거나(또는 스며 나오거

나) 오래 남아 있는 상황에 쓰인다. 또 이와 다르게 '강아지가 새끼를 배다'와 같이 임신한다는 뜻도 있다.

그럼 예문으로 다시 한번 정확하게 알아 두자.

- 사과를 깎다 칼에 **베어** 피가 난다.
- 농부가 논에서 벼를 **베고** 있다.
- 달콤한 복숭아를 크게 **베어** 물었다.
- 아기는 엄마의 팔을 **베고** 잠이 들었다.
- 따뜻한 방에서 할머니의 무릎을 **베면** 참 기분이 좋다.

- 땀이 **밴** 옷을 그냥 입었더니 찝찝하다.
- 일기를 쓰는 습관이 **배었다**.
- 경제 관념이 몸에 **배어** 돈을 함부로 쓰지 않는다.
- 어제 마라톤을 했더니 다리에 알이 **뱄다**.
- 새끼를 **밴** 짐승은 매우 예민하니 조심해야 한다.

"체력이 달리다"
"사은품이 딸리다"

달리다
재물이나 기술, 힘 따위가
모자라다.

딸리다
어떤 것에 매이거나 붙어 있다.

미현이는 올해 부쩍 힘들다는 말을 자주 한다. 봄에는 봄이라 나른하다며 친구들과 만나기로 한 약속을 간간이* 취소하더니, 여름이 되니 조금만 움직여도 헉헉대며 힘들어했다. 여름엔 더워서 진이 빠져서 그러려니 했는데 가을이 되고 겨울이 되어도 나아지지를 않았다.

미현이는 모처럼 친구들과 패스트푸드점에서 만나 하얀 눈이 소복이 쌓이는 바깥 풍경을 보며 수다를 떨고 있었다. 기운 없어 하는 미현이를 보던 친구들이 어디에 이상이 있어서 그럴지도 모르니 병원에 가 보라고 했다.

"아픈 데는 없어. 내가 몸이 너무 허약한가? 왜 이렇게 체력이 **딸리지**?"

미현이의 말에 정화는 체육 시간도 싫어하고 책을 보거나 인터넷 서핑을 하며 도무지 몸을 움직이지 않는 미현의 생활 습관을 지적하며 운동 부족 아니냐고 했다.

"체력이 **달리면** 아무리 잠을 많이 자고 휴식을 취해도 활력이 솟지 않아. 그러니까 평소에 운동도 좀 하며 체력을 길러야 한다니까."

미현이와 정화의 대화를 듣던 소영이가 대화에 끼어들었다.

"잠깐만. 근데 얘들아, '체력이 **달리다**'가 맞니, '체력이 **딸리다**'가 맞니? 나는 이 말이 항상 헷갈리더라고."

미현이의 체력 문제와는 상관없는 화제이지만, 소영이의 말을 들은 미현이와 정화도 갑자기 **달리다**와 **딸리다** 중 어느 말이 맞는지 궁금해졌다.

"나는 이제까지 '체력이 **딸리다**'라고 썼어. **딸리다**가 맞는 말 아닌가?"

미현이의 말에 정화는 다른 의견을 제시했다.

"아니야. **달리다**가 맞을걸!"

도대체 어떤 게 맞을까?

　보통 사람들은 '체력이 딸리다'라는 표현을 많이 쓴다. 그런데 마음 한편에서는 괜히 된소리를 쓰는 건 아닌지, '체력이 달리다'가 맞는 건 아닌지 살짝 고민하다가도 '달리다'는 어쩐지 달리기가 떠올라 '딸리다' 쪽으로 마음이 기울곤 한다. 그리고 '딸리다'를 '달리다'의 센말*로 오해해 글에서도 '딸리다'로 쓰는 경우가 있다.

　여기에서 다루는 **달리다**는 재물이나 기술·힘 따위가 모자란다는 뜻으로, 무언가 부족할 때 사용하는 동사이다. '일손이 달려 공장이 멈추었다', '공급량이 달리니 물건값이 오를 수밖에 없다', '힘이 달려 더는 못 걷겠다'가 그 예이다. 그런가 하면 '점퍼에 후드가 달려 있다', '가방에 인형을 달다', '어려운 용어에는 설명이 달려 있다'와 같은 '달리다'도 있다. 이때는 '물건이 일정한 곳에 걸리거나 매여 있게 되다', '설명이 보태지거나 이름·제목이 붙다' 등의 뜻을 가진다. 물론 어린아이도 아는 빨리 뛴다는 의미의 '달리다'도 있다.

　다음 예문에서 서로 다른 뜻을 가진 '달리다'를 확인해 보자.

더운 날씨에 지각할까 봐 캐릭터 인형이 여러 개 달린 무거운 가방을 메고 달렸더니 기운이 달려 수업 시간에 졸았다.

반면 **딸리다**는 사람이나 사물이 다른 사람이나 사물에 속하거나 붙어 있음을 표현할 때 쓰인다. 예를 들면 '사은품이 딸린 가전제품', '그 집에는 커다란 수영장이 딸려 있다'와 같이 사용된다. 또 사람이나 동식물이 어떤 부류나 부서에 속한다는 뜻도 있어 '민들레는 국화과에 딸린 식물이다', '우리 부서에는 네 팀이 딸려 있다'와 같이 쓴다.

또한 '따르다'의 사동사로서 사람이나 동물의 뒤에서 그가 가는 대로 가게 한다는 뜻을 가진 '딸리다'도 있다. 이를테면 '부모님은 내가 미덥지 않은지 형을 딸려 보냈다'와 같이 쓰는 경우다.

이제 미현이의 체력이 딸리는 게 아니라 달리는 것임을 알 수 있다.

자, 그럼 '달리다'와 '딸리다'를 다시 한번 확인해 보자.

✿ **달리다** : 재물이나 기술, 힘 등이 모자라다.
쉽게 말해 무언가 부족하거나 미치지 못함을 뜻한다.

◆ 아직 초보자라 기술이 달린다.

◆ 취업 준비를 하는데 영어 실력이 달려 고민이다.

◆ 체력이 달려서 도저히 더 이상 못 뛰겠다.

◆ 일손이 달리니 진행이 잘 안 된다.

◆ 호흡이 달려 따라가기가 힘들다.

✳ **딸리다** : 어떤 것에 매이거나 붙어 있다.

어떤 부서나 종류에 속하다.

무언가에 붙어 있거나 속함을 뜻한다고 기억하면 된다.

◆ 그는 자식이 셋이나 **딸린** 가장이다.

◆ 그 숙소에는 헬스장이 **딸려** 있다.

◆ 가방을 샀더니 지갑이 **딸려** 왔다.

◆ 우리 집 주방에는 보조 주방이 **딸려** 있다.

◆ 관리과는 총무부에 **딸려** 있다.

*__간간이___시간적인 사이를 두고서 가끔씩.

*__센말__ _뜻은 같지만 예사소리 대신 'ㄲ', 'ㄸ', 'ㅃ', 'ㅆ', 'ㅉ'와 같은 된소리를 써서 어감이 센 느낌을 주는 말. 예를 들어 '구김살 - 꾸김살', '동그라미 - 똥그라미', '보드득 - 뽀드득', '새근새근 - 쌔근쌔근', '집적대다 - 찝쩍대다' 등이 있다. 센말과 비슷한 큰말이 있다. 큰말은 센말과 같이 뜻은 같지만 모음이 ㅏ, ㅗ, ㅑ, ㅛ 등에서 ㅓ, ㅜ, ㅕ, ㅠ 등으로 바뀌어 크고, 어둡고, 무겁게 느껴지는 말이다. 예를 들어 '발갛다 - 벌겋다', '조뼛거리다 - 주뼛거리다', '생글생글 - 싱글싱글' 등이 있다.

잃다, 잊다

〈밤을 잊은 그대에게〉라는 라디오 프로그램이 있다. "편안한 음악과 따뜻한 이야기로 지친 하루의 끝을 함께할게요"라는 멘트가 늦은 시간까지 깨어 있거나 잠 못 드는 사람들의 마음을 어루만져 준다. 오늘은 라디오에서 자신의 꿈을 잊고 사는 사람과 꿈을 잃은 사람의 이야기를 듣다 문득 '잃다'와 '잊다'를 생각해 보았다.
지난 주말 가족과 함께 캠핑을 다녀오느라 들떠서 그만 깜박 잊고 모둠 과제를 못 해 가 모둠 친구들에게 "너는 우리에게 신용을 잃었어"라는 소리를 들었기 때문이다.

우리는 보통 '숙제를 잃어버렸어요'라거나 '필통을 잊어버렸어요'라고 말하는 등 '잃다'와 '잊다'를 아무 생각 없이 입에서 나오는 대로 쓴다.
여러분은 다음 예문에서 맞는 말을 자신 있게 고를 수 있을까?

이메일 비밀번호를 잃어서 재발급 받았다. (X)
이메일 비밀번호를 잊어서 재발급 받았다. (O)

방향을 잃었을 때는 북극성을 보고 북쪽을 찾아라. (O)
방향을 잊었을 때는 북극성을 보고 북쪽을 찾아라. (X)

비밀번호는 '잊다'를 써야 하고, 방향은 '잃다'를 써야 한다. 두 단어의 뜻을 보자.

잃다는 길이나 방향을 분간하지 못하거나 사물이나 기억, 마음, 성질 등이 없어졌을 때 쓰는 말이다. 또 더 이상 갖지 못하게 되고 사라지거나 사람과 관계가 끊어지고 이별할 때도 사용한다.

- 어린아이가 길을 잃고 헤매고 있다.
- 가방에 달려 있던 키링을 잃어버렸다.
- 불의의 교통사고로 두 다리를 모두 잃었다.
- 그들은 전쟁으로 고향을 잃고 떠돈다.
- 그는 어려서 부모님을 잃은 후 고생했다.

잊다는 기억이나 생각을 떠올려 내지 못하거나 마음에 두지 않을 때, 매우 열중하거나 빠져 있을 때 쓴다.

- 노느라 숙제가 있다는 걸 잊었다.
- 너를 잊지 않고 꼭 기억할게.
- 그와의 약속도 잊고 추억도 잊었다.
- 할아버지는 나이도 잊고 노익장을 과시한다.
- 어머니를 잃은 슬픔에 잠겨 잠자는 것도 잊었다.

"사전이 두껍다"
"친분이 두텁다"

두껍다
두께가 보통의 정도보다 크다.

두텁다
신의, 믿음, 관계, 인정 따위가 굳고 깊다.

경실이는 아버지의 직장 발령으로 먼 곳으로 이사 가게 되었다. 가족을 따라 전학 가는 경실이는 3년 동안 단짝으로 지내 온 단이와 헤어질 생각을 하니 몹시 서운하고 슬픈 마음이 가득해 눈물이 났다.

'그동안 한 번도 싸우지 않고 **두텁게** 쌓아 온 우정이 이렇게 끝나는 건가?'

이런 생각을 하니 이사 가는 일이 서럽게 느껴지고 화가 나기까지 했다.

단이는 더했다. 경실이가 전학을 가는 날 아침, 단이가 교실 문을 열고 들어서는데 밤새 울었는지 눈두덩이가 평소의 두 배는 되어 보일 만큼 **두껍게** 부어 있었다. 얼마나 울었는지 입술도 부어 **두꺼워** 보였다. 경실이는 흐르는 눈물을 참으며 단이에게 다가가 단이의 손을 잡았다. 차마 경실이를 바로 쳐다보지 못하는 단이에게 경실이가 말했다.

"단아, 우리 **두꺼운** 우정 절대 변치 말자."

"……."

단이는 말을 잇지 못했다. 평상시 맞춤법 실력이 뛰어난 단이는 이런 와중에도 경실이 말이 뭔가 자연스럽지 못하다는 생각이 들어서였다. 잠시 망설이던 단이는 눈물이 그렁그렁 고인 눈으로 경실이 얼굴을 쳐다보며 두 손을 꼭 잡은 채 말했다.

"그래야지. 경실아, 우리 몸은 비록 떨어져 있어도 우리가 3년 동안 소중하게 쌓아 온 **두터운** 우정만큼은 절대로 변치 말자. 약속! 우리의 **두터운** 우정이 영원하기를 빌자."

단이와 경실이를 지켜보던 같은 반 친구들도 "쟤네 둘은 우정이 그렇게 **두텁더니**……", "친분이 **두터운** 친구가 전학을 가니 얼마나 속상할까?", "**두터운** 교분을 유지하더니 정말 서운하겠다" 등 한마디씩 말을 보태며 단이와 경실이가 헤어지는 것을 안타까워했다. 더불어 경실이와 단이의 **두터운** 우정이 변치 않기를 기원했다.

경실이와 단이의 이야기를 읽으며 '두껍다'와 '두텁다'의 차이를 어느 정도 감지했을 것이다. 그럼 다음 문장 중 어느 것이 맞는지 맞추어 보자.

우리나라 아마추어 축구 선수층은 <u>두껍</u>다.
우리나라 아마추어 축구 선수층은 <u>두텁</u>다.

어느 것이 옳은 문장일까? '선수층은 두껍다'가 바른 표현이다. 그런데 왜 '선수층이 두껍다'가 옳은 말인지 얼른 이해가 안 되고 자연스러운 느낌이 들지 않는다.

<u>두꺼운</u> 삼겹살로 주세요.
<u>두터운</u> 삼겹살로 주세요.

둘 다 맞는 말 같지만 '두꺼운 삼겹살 주세요'가 정확한 표현이다. 하지만 '두터운 삼겹살 주세요'라고 한다고 못 알아듣는 가게 주인은 없을 것이다. '두껍다'와 '두텁다'는 구분이 쉬울 것같지만 의외로 잘못 사용하는 일이 빈번하다. 그럼 '두껍다'와

'두텁다'의 뜻 속으로 들어가 보자.

두껍다는 '얇다'의 반대말이다. '두꺼운 옷', '두꺼운 책' 등 우리가 잘 알고 있듯이 두께가 보통의 정도보다 크다는 뜻을 갖는다. 그런데 여기에 두 가지 뜻이 더 따라붙는다. 층을 이루는 사물의 높이나 집단의 규모가 보통보다 크다는 뜻과 어둠이나 안개, 그늘 따위가 짙다는 뜻이다. 예를 들어 '그 젊은 정치인은 지지층이 두껍다', '두꺼운 구름이 뒤덮었다'와 같이 쓴다.

두텁다는 믿음, 관계, 우정 등이 굳고 깊다는 뜻으로 반대말은 '얇다'이다. '굳고 깊다'에서 유추하여 '단단하게 하다', '힘이나 뜻을 강하게 하다', '넉넉하게 하다'와 같은 의미를 나타내고자 한다면 '두텁다'를 쓸 수 있다. 예를 들어 '신앙이 두텁다', '친분이 두텁다', '정이 두텁다'처럼 쓴다.

자, 그럼 '두껍다'와 '두텁다'를 다시 한번 확인해 보자.

두껍다 : 두께가 보통의 정도보다 크다.

층을 이루는 사물의 높이나 집단의 규모가 보통 정도보다 크다.

어둠이나 안개, 그늘 따위가 짙다.

두 번째 뜻을 제외하면 눈으로 두께를 가늠할 수 있을 때 사용하며 비슷한 말로 '도톰하다', '두툼하다', '도독하다', '두둑하다'가 있다.

◆ 겨울 이불이라 두껍다.

◆ 이 백화점은 꽤 두꺼운 고객층을 가졌다.

◆ 그 연예인을 좋아하는 팬층이 매우 두껍다.

◆ 고속도로에 안개가 두껍게 깔려 위험하다.

◆ 나무 밑은 그늘이 두껍고 바람도 시원하다.

두텁다 : 신의, 믿음, 관계, 인정 따위가 굳고 깊다.

신뢰나 신앙, 친분, 우정 등 추상적인 것이 단단함을 말할 때 사용하며 '가깝다', '긴밀하다'가 비슷한 말이다.

◆ 종교에 대한 믿음이 두텁고 남다르다.

◆ 부모님의 두텁고 깊은 은혜를 잊지 말자.

◆ 그분은 담임 선생님과 친분이 두텁다고 말했다.

◆ 우리 남매는 우애가 두텁다.

◆ 정부는 에너지 취약 계층에 두터운 지원을 하겠다고 밝혔다.

앞에서 설명했지만 '두껍다'의 반대말은 '얇다', '두텁다'의 반대말은 '얕다'이므로 어느 것이 맞을지 판단이 안 선다면 '얇다'와 '얕다'를 넣어 보면 쉽게 구분할 수 있을 것이다.

핼쑥하다, 해쓱하다, 핼쓱하다

다음 문장의 ( ) 속 단어 가운데 알맞은 단어는 무엇일까?

영희는 많이 아팠는지 얼굴이 (핼쑥하다 / 해쓱하다 / 핼쓱하다).

알맞은 단어는 '핼쑥하다'와 '해쓱하다'이다. 하지만 '핼쓱하다'를 고른 사람이 많을 것이다. '핼쑥하다'와 '핼쓱하다' 중 맞는 것을 묻는 맞춤법 퀴즈를 내면 오히려 '핼쑥하다'가 틀렸다고 생각하여 대부분 '핼쓱하다'를 선택한다.

다음은 신문 기사에서 찾은 '핼쓱하다'가 잘못 쓰인 예이다.

제작 보고회에 핼쓱한 얼굴로 등장했다.
볼살 실종된 핼쓱한 V라인… 앳된 얼굴 벗은 성숙미
그해 7월 말의 사진에서 전례 없이 핼쓱한 모습이었다.

이렇게 자주 틀리는 맞춤법이 '핼쑥하다'와 '핼쓱하다'이다. 그리고 '해쓱하다'는 낯선 단어일 수도 있다. **핼쑥하다와 해쓱하다는 복수 표준어로 둘 다 '얼굴에 핏기가 없고 파리하다'라는 의미를 가진 형용사이다. 비슷한 말로는 '창백하다', '초췌하다', '수척하다'가 있다.** 따라서 '핼쑥한 얼굴', '해쓱한 얼굴' 모두 바른 표현이다.

- 다이어트를 하더니 그녀의 얼굴이 핼쑥하다.
- 앓고 난 뒤 생기가 없고 핼쑥한 모습이다.
- 얼마나 고생을 많이 했는지 며칠 사이에 핼쑥해졌네.
- 어머니가 돌아가셔 해쓱해진 얼굴을 보니 안타깝다.
- 긴 시간 수술을 한 의사는 해쓱해져서 수술장에서 나왔다.

"만날 날이 머지않다"
"만날 곳이 멀지 않다"

머지않다
가까운 장래. 또는 오래지 않다.

멀지 않다
'멀다'와 '않다'가 합쳐진 말.

    은수는 요즘 운동에 진심인 생활을 하고 있다. 어려서부터 또래 아이들에 비해 키가 큰 데다 농구를 좋아하는 은수는 중학생이 되면서 농구를 시작했다. 학교 농구부에 들어가 본격적으로 운동을 하면서 코치님과 친구들에게 농구에 적합한 체격이라는 칭찬을 들으니 동기 부여가 되어 정말 열심히 했다. 그 덕분에 농구 특기생으로 고등학교에 진학했고 국가대표가 되고 싶다는 꿈까지 갖게 되었다.

'농구 국가대표'라는 목표가 생기자 새로운 에너지가 몸 안에서 솟구쳐 오르는 것 같았다. 오늘도 은수는 **머지않아** 농구 국가대표 선수가 될 자신의 모습을 상상하며 학교로 향했다. 콧노래를 부르며 걷다 보니 평소 멀기만 하던 학교가 오늘은 **멀지 않게** 느껴졌다.

학교에 도착해 운동장 오른쪽에 있는 농구 코트를 바라보며 은수는 국가대표 선수가 되어 올림픽 메달에 도전해야겠다는 각오를 다졌다. 그때 같은 농구부 친구인 준희가 달려와 은수의 어깨에 한쪽 팔을 올리며 래퍼처럼 노래하며 너스레를 떨기 시작했다.

"헤이~ **머지않아** 우리나라 농구 국가대표 금메달리스트 수! 오늘도 농구 골대를 보며 꿈을 키우고 있군! **머지않아** 국가대표가 된 자신의 모습을 상상하니 기분이 어떠한가?"

아침부터 준희의 기분 좋은 너스레를 들으니 은수는 자신이 정말 농구 국가대표 선수가 된 것처럼 가슴이 벅차고 행복했다. 준희와 어깨동무를 하고 프로 농구 선수들 이야기를 나누며 학교 건물로 걸어가는데 **멀지 않은** 곳에서 폭발음 같은 굉음이 들려왔다. 운동장과 학교 건물이 울릴 정도로 큰 소리여서 모두가 깜짝 놀랐다.

준희와 은수를 포함한 학생들은 무슨 일인지 알아보려고 소리가 들린 쪽으로 달려가 깨금발로 학교 울타리 너머를 바라보았다. 교문에서 그다지 **멀지 않은** 곳에 트럭과 승용차가 충돌해 트럭은 담을 들이받은 채 찌그러져 있고, 승용차는 옆으로 뒤집힌 채 연기를 내며 바퀴가 헛돌고 있었다.

교실로 들어온 친구들은 울타리 너머로 본 사고 목격담을 늘어놓으며 놀란 마음을 가라앉히려 했다. 워낙 큰 소리로 학생들을 놀라게 한 사고라 학교 차원에서 방송을 통해 학생들을 진정시켰다. 다행히 등교 시간이 거의 끝나 가던 때라 거리에 학생들이 없었고, 사고를 목격한 누군가의 신고로 사고 장소로부터 **멀지 않은** 곳을 순찰하던 경찰차가 빠르게 도착해 사고를 수습했으며, 또 **머지않아** 도착할 119 구급대를 기다리며 사고로 다친 환자들을 보호했다는 내용이었다.

은수는 만약 자신이 조금만 늦게 등교했더라면, 그래서 아까 일어난 교통사고의 피해자가 되었더라면 **머지않아** 국가대표 선수가 되겠다는 꿈을 펼쳐 보지 못했을 수도 있다는 생각을 하며 안도의 숨을 내쉬었다.

은수의 이야기 속에 등장한 '머지않다'와 '멀지 않다'의 차이를 이미 알아챈 사람이 있을 것이다. 이 두 말은 차이를 정확하게 알지 못하거나 띄어쓰기 때문에 잘못 사용하는 사람이 많다. '머지않다'와 '멀지 않다'를 자세히 알아보자.

우선 요점부터 말하자면 **머지않다**가 시간적 개념을 나타낸다면 **멀지 않다**는 주로 공간적 개념을 나타낸다.

머지않다는 시간을 의미하는 형용사로 하나의 단어이다. 어떤 일이 일어날 시점이 그리 많이 남지 않았음을 뜻하는 말로 '가깝다'와 비슷한 말이다. 주로 '머지않아'로 많이 쓰이기 때문에 품사가 부사*라고 생각하기가 쉽다.

조금 어려워 보일지 모르겠지만 찬찬히 들여다보자. '머지않다'가 '머지않아'로 활용되면 품사는 형용사 그대로지만 문장 성분*은 부사어*가 된다. 예를 들어 '머지않아 합격할 거야'라는 문장에서 '머지않아'는 '합격할'을 꾸미므로 부사어로서 기능하나, 품사는 단어의 기본형을 밝혀 따지므로 형용사이다. 그리고 기억해야 할 중요한 점은 '머지않다'가 한 단어이므로 반드시 붙여 써야 한다는 것이다.

'멀지 않다'는 거리를 표현할 때 사용하는 형용사 '멀다'와 부정의 의미를 갖는 보조 형용사* '않다'가 합쳐진 표현이다. '멀다'의 활용형 '멀지'와 '않다'가 합쳐진 말이므로 당연히 띄어쓰기해야 한다. '멀다'는 공간적인 거리를 표현할 때 가장 많이 사용하지만, 간혹 시간적 사이를 나타내기도 한다. 즉 '멀다'에는 시간적으로 길다는 뜻도 있는데 여기에 이를 부정하는 '않다'와 결합하여 '멀지 않다'가 되면, 이때는 '머지않다'와 마찬가지로 시간적인 사이가 짧다는 뜻이 된다. 따라서 다음의 네 문장은 각각 공간적 거리, 시간적 거리, 일정한 기준과의 거리, 사람 사이의 심정적 거리를 의미한다.

병원은 우리 집에서 그리 멀지 않다. : 공간적 거리

봄이 오려면 멀지 않다. : 시간적 거리. '머지않다'로 써도 됨

상위권에 진입할 날이 멀지 않다. : 일정한 기준과의 거리

그와 나 사이는 사람들 생각처럼 멀지 않다. : 사람 사이의 심정적 거리

자, 그럼 '머지않다'와 '멀지 않다'를 다시 한번 확인해 보자.

머지않다 : 가까운 장래에. 시간적으로 멀지 않다.

'머지않은 미래', '떠날 날이 머지않다', '머지않아 만날 거다'와 같이 **머지않다**는 어떤 일이 일어날 시점이 그리 많이 남지 않은 상태를 나타내며, 시간적인 의미로만 사용하는 말로 '가깝다'와 비슷한 말이다.

◆ 머지않아 전학 갈 일이 걱정된다.

◆ 머지않아 기쁜 소식이 오리라 기대한다.

◆ 성공할 날이 머지않았으니 조금만 참자.

◆ 우주여행을 가는 날이 머지않다고 한다.

◆ 꽃피는 봄이 머지않은 지금 최선을 다하자.

❄ **멀지 않다 :** 거리가 많이 떨어져 있지 않다.

시간적으로 사이가 길지 않다.

기준점에 모자라지 않다.

사람 사이가 서먹하지 않다

'멀지 않다'는 '멀다'라는 형용사와 '않다'라는 보조 형용사가 합쳐진 형태이다. '머지않다'에 비해 다양한 뜻을 갖는다.

◆ 여기에서 기차역은 별로 멀지 않다.

◆ 가방을 잃어버린 곳이 멀지 않아 다행이다.

◆ 해가 뜨려면 멀지 않았으니 채비를 하자.

◆ 네 습작 솜씨로 보아 작가가 될 날이 멀지 않은 듯싶다.

◆ 미영이와 나 사이는 보기보다 멀지 않다.

***부사**_주로 용언(동사·형용사)을 설명하고 꾸미는 역할을 한다. '매우', '가장', '과연', '그리고' 등이 부사인데 부사는 활용하지 못한다.

***문장 성분**_문장을 구성하는 기능적 단위로 주어, 서술어, 목적어, 보어, 관형어, 부사어, 독립어 따위가 있다.

***부사어**_용언을 꾸미는 기능을 하는 문장 성분. 부사와 부사 구실을 하는 단어, 어절, 관용어 그리고 체언에 부사격 조사가 붙은 말이다. 이를테면 '깨끗하게', '크게'처럼 형용사에 '-게'가 결합하여 부사어가 되는 경우가 있다.

***보조 형용사**_본용언과 연결되어 의미를 보충하는 역할을 하는 형용사. 보조 형용사에는 희망을 표현하는 '싶다'(먹고 싶다), 부정하는 '아니하다'(넓지 않다), 추측을 표현하는 '듯하다'(갈 듯하다), 상태를 나타내는 '있다'(피어 있다) 등이 있다.

깁다·깊다, 집다·짚다

우리말 중에는 발음은 같지만 받침을 다르게 써 의미가 달라지는 단어들이 꽤 있다. '깁다'와 '깊다', '집다'와 '짚다'가 대표적 예이다. 모두 맞춤법에 어긋난 단어가 아니지만 받침과 의미를 잘 알아 적합한 단어를 쓰지 않으면 엉뚱한 문장이 된다. 위의 네 단어를 하나씩 살펴보자.

깁다는 '떨어지거나 해어진 곳에 다른 조각을 대거나 그대로 꿰매다'라는 뜻과 '글이나 책에서 부족한 내용을 보충하다'라는 뜻이 있다. 비슷한 말로 '꿰매다', '누비다', '땜질하다'가 있으며 다음 예문처럼 사용할 수 있다.

- 예전에는 양말에 구멍이 나면 기워서 신었다.
- 해진 곳을 기운 셔츠를 지금도 입는다.
- 논문에서 지적받은 부분을 기워야 한다.

깊다에는 우리가 많이 아는 '겉에서 속까지의 거리가 멀다', '생각이 듬쑥하고* 신중하다'라는 의미 외에 '수준이 높거나 정도가 심하다', '시간이 오래다', '어둠이나 안개 따위가 자욱하고 빡빡하다'라는 의미가 있다. 비슷한 말로 '깊숙하다', '오래다', '진하다', '심하다', '강렬하다' 등이 있으며 각각 순서대로 다음 예문처럼 사용할 수 있다.

- 저 강은 보기보다 깊으니 조심해야 한다.
- 은표는 나이에 비해 사려가 깊은 학생이다.
- 수면과 건강은 깊은 관계가 있다.
- 신라의 도읍이었던 경주는 역사 깊은 도시다.
- 날이 저물고 어둠이 깊어 간다.

집다는 '손가락이나 발가락으로 물건을 잡아서 들다', '기구로 물건을 마주 잡아서 들다', '지적하여 가리키다'라는 뜻이다. 마지막 의미일 때는 '-을 ~으로 집다', '-을 ~라고 집다'의 형태로 쓴다. 비슷한 말로 '들다', '잡다', '줍다'가 있다.

- 메모를 하려고 볼펜을 집어 들었다.
- 종이가 날아가지 않도록 집게로 집어 둔다.
- 여러 사진 속에서 한 사람을 범인으로 집었다.

짚다는 '바닥이나 벽·지팡이 따위에 의지하다', '손으로 이마나 머리 따위를 가볍게 누르다', '여럿 중에 하나를 꼭 집어 가리키다', '상황을 헤아려 어떠할 것으로 짐작하다'라는 뜻을 가진다. 비슷한 말로 '만지다', '다잡다', '지목하다', '짐작하다' 등이 있으며 다음 예문처럼 사용할 수 있다.

- 어지러움 때문에 벽을 짚고 서 있다.

• 한의사는 환자의 맥을 짚어 본다.

• 숫자를 하나하나 짚어 가며 확인한다.

• 선생님은 문제점을 짚으며 설명해 주셨다.

---

*듬쑥하다_사람됨이 가볍지 아니하고 듬직하다.

"항상 칠칠한 옷차림이다"
"항상 칠칠맞은 옷차림이다"
"항상 칠칠치 못한 옷차림이다"

칠칠하다
깨끗하고 단정하다.
반듯하고 야무지다.

칠칠맞다
'칠칠하다'의 비속어.

칠칠치 못하다
'칠칠하다'와 '못하다'가
합쳐진 말.

깔끔한 성격 탓에 늘 옷차림이 단정하고, 행동도 반듯하고, 언제나 모든 일을 완벽하게 처리하려고 노력하는 민영이는 그런 성향을 꽤 만족스럽게 여기며 스스로 대견하게 여긴다. 오늘은 토요일이라 편안한 차림으로 쉬고 있는데 엄마가 동네 슈퍼에 가서 몇 가지 생필품을 사 오라고 하셨다.

민영이는 집에서 입고 있던 추리닝 차림으로 갈까 잠시 망설이다가 외출복으로 갈아입고 슈퍼로 향했다. 엄마가 얘기한 물품들을 바구니에 담고 계산대에 서 있는데 주인 아주머니께서 민영이를 알아보고 환하게 웃으며 말씀하셨다.

"민영이는 참 **칠칠맞구나**!"

아주머니의 말을 듣고 민영이는 깜짝 놀라 아주머니를 쳐다보며 "네……"라고 마지못해 대답했다. 사실은 아주머니께 '제가 왜 **칠칠맞아요**?'라고 되묻고 싶었지만, 다음 손님이 기다리고 있어 민영이는 물건이 든 봉지를 들고 서둘러 가게를 나오며 속으로 되뇌었다.

'내가 **칠칠맞다고**? 내가? 어디가? 왜? …….'

그러면서 민영이는 자신도 모르게 얼굴이 화끈 달아오르는 것을 느꼈다.

민영이는 아주머니의 말에 왜 얼굴이 붉혔을까? 만약 여러분이 이 말을 들었다면 어땠을까? 이 문제의 답을 찾기 위해 지금부터 '칠칠하다'와 '칠칠맞다'를 탐구해 보자.

"당신은 참 칠칠맞군요."

이 말은 칭찬일까? 비난일까? 누군가로부터 이런 말을 들으면 대부분의 사람은 '내가 칠칠맞다고? 나를 비꼬는 건가?'라고 생각하며 몹시 기분이 상할 것이다. 그런데 '칠칠맞다'는 말은 칭찬의 말이다. 아마 이 단어의 뜻을 모르는 채 이 문장을 읽고 있다면 "엥! '칠칠맞다'가 칭찬의 말이라고? 말도 안 돼"라고 놀랄 게 틀림없다. 하지만 '당신은 참 칠칠맞군요'라는 말은 칭찬하는 게 맞다.

그럼에도 우리가 보통 '칠칠맞다'는 말을 부정적으로 받아들이는 이유는 '칠칠하다'와 '칠칠맞다'의 뜻을 제대로 알지 못하기도 하고 대체로 안 좋은 상황일 때 들었기 때문이다. 그래서 '칠칠하다' 또는 '칠칠맞다'라고 써야 할 때 '칠칠치 못하다', '칠칠맞지 못하다'라고 잘못 말하거나 잘못 쓰곤 한다.

이쯤 되면 '칠칠하다'와 '칠칠맞다'의 정확한 뜻을 빨리 알고 싶어진다. 하지만 먼저 어떤 상황에서 이 표현을 듣고 써 왔는지부터 짚어 보자. 똑바로 해내는 일이 없거나 옷에 지저분한 것을 묻히고 다니거나 툭하면 물건을 잃어버리는 등 실수가 잦을 때 종종 다음과 같은 말을 듣는다.

칠칠맞게 옷에 뭐를 그렇게 묻혔니?
하여간 너는 맨날 칠칠맞게 툭툭 부딪히고 다니지.
실내화를 또 잃어버렸어? 왜 이렇게 칠칠맞니?

위 세 문장은 모두 잘못된 표현이다. 바른 표현으로 고치면 다음과 같다.

칠칠맞지 못하게 옷에 뭐를 그렇게 묻혔니?
칠칠치 못하게 옷에 뭐를 그렇게 묻혔니?

하여간 너는 맨날 칠칠맞지 못하게 툭툭 부딪히고 다니지.
하여간 너는 맨날 칠칠치 못하게 툭툭 부딪히고 다니지.

실내화를 또 잃어버렸어? 왜 이렇게 칠칠맞지 못하니?
실내화를 또 잃어버렸어? 왜 이렇게 칠칠치 못하니?

여러분 중에는 '헉! 지금까지 써 온 말이 틀린 말이라니!' 하는 생각이 드는 독자가 적지 않을 것이다. 그럼 지금부터 뜻을 확인해 보도록 하자.

칠칠하다는 '깨끗하고 단정하다', '성질이나 일 처리가 반듯하고 야무지다'는 뜻을 가진 형용사이다. 주로 뒤에 '못하다', '않다'가 와서 '칠칠치(=칠칠하지) 못하다', '칠칠치 않다'는 형태로 쓰인다. '칠칠하다'의 부정형인 '칠칠치 못하다'는 옷차림이 단정하지 못할 때, 일 처리가 꼼꼼하지 못할 때, 실수가 잦을 때 등 부정적인 상황에 쓰인다. 이를테면 물건 등을 자주 잃어버리는 사람에게 '넌 왜 이렇게 칠칠맞니?'가 아니라 '넌 왜 이렇게 칠칠치 못하니?'라고 해야 올바른 표현이다.

'칠칠맞다'는 '칠칠하다'를 속되게 이르는 말, 즉 비속어이므로 당연히 뜻은 '칠칠하다'와 같다. '못하다'나 '않다'와 함께 쓰여 '칠칠맞지 못하다', '칠칠맞지 않다'라는 부정의 형태로 주로 쓰이는 것 역시 같다. 이제 우리는 무언가 잘하지 못할 때 질책하듯이 '칠칠맞다'고 하는 건 틀린 표현이라는 사실을 확실하게 알게 되었다.

자, 그럼 '칠칠하다', '칠칠맞다', '칠칠치 못하다'를 다시 한번 확인해 보자.

> ✿ **칠칠하다 = 칠칠맞다 :** 주접이 들지 아니하고 깨끗하고 단정하다.
> 성질이나 일 처리가 반듯하고 야무지다.

'칠칠하다'와 '칠칠맞다'는 단독으로 사용하기보다는 '못하다'와 '않다'와 함께 쓰여 '단정하지 못하다', '야무지지 못하다' 등의 부정적 의미로 쓴다. 그리고 '칠칠맞다'는 비속어이므로 '칠칠하다'를 쓰는 편이 좋다.

- ◆ 김 과장은 일솜씨가 칠칠해서 신뢰가 간다.
- ◆ 주영이는 언제나 옷차림이 칠칠하다.
- ◆ 언니는 늘 칠칠맞아서 엄마가 안심하신다.

◆ 수영이는 겉보기에 덤벙대는 것 같아도 칠칠맞다.

✿ 칠칠하지 못하다 / 않다 = 칠칠치 못하다 / 않다 = 칠칠맞지 못하다 / 않다 : '칠칠하다', '칠칠맞다'의 부정.

◆ 칠칠하지 못하게 잠옷 옷차림으로 밖에 나오다니.

◆ 내 동생은 칠칠하지 않아 어머니가 항상 걱정하신다.

◆ 그는 매사 칠칠치 않아서 기대를 안 한다.

◆ 칠칠맞지 못하게 물을 흘리고 다니네.

◆ 왜 칠칠맞지 못하게 음식을 흘리고 먹니?

'칠칠맞다'와 '칠칠하다'는 같은 뜻이며 긍정적인 의미로 단정하고 야무진 사람에게 표현하는 단어이며 '칠칠치 못하다', '칠칠맞지 못하다'는 조심스럽지 못하거나 꼼꼼하지 못할 때 쓰이는 단어라는 것을 꼭 기억하자.

으스스하다·으시시하다, 으스대다·으시대다

유령의 집에 들어가니 <u>으스스하고</u> 무서웠다.
유령의 집에 들어가니 <u>으시시하고</u> 무서웠다.

숲에서 불어오는 바람이 <u>으스스하다</u>.
숲에서 불어오는 바람이 <u>으시시하다</u>.

위 문장 중 밑줄 친 부분이 맞는 것은 무엇일까? 정답은 '으스스하
고', '으스스하다'이다. '으스스하다'와 '으시시하다'를 큰말, 작은말
로 오해하는 사람도 적지 않다. 예를 들어 공포 영화를 보거나 시골
에서 우연히 폐가를 보면 우리는 '으시시하다'라고 한다. 그런데 '으
시시하다'는 비표준어이자 북한어이다.

으스스하다는 차거나 싫은 것이 몸에 닿았을 때 크게 소름이 돋는 느
낌이 있다는 뜻의 형용사로, 부사 '으스스'와 접미사* '-하다'가 결합
된 단어다. 차거나 싫은 것이 몸에 닿을 때 소름이 돋는 모양을 나타
내는 '으스스'는 '봄이 왔는데도 아직은 으스스 한기가 느껴진다', '그
사고를 떠올리면 지금도 온몸이 으스스 떨린다'와 같이 쓸 수 있다.
'으스스하다'에서 **으스스는 실질적 의미를 가진 어근*이자, '으스스**
하고'·'으스스하니' 등으로 활용할 경우 변하지 않는 부분인 어간
이다. '으스스하다'와 비슷한 말로는 '소슬하다', '쏠쏠하다', '으슬으
슬하다' 등이 있다.

- 입춘이 지났지만 새벽에는 여전히 <u>으스스하다</u>.
- 얇게 입어서인지 바람이 불자 몸에 <u>으스스한</u> 기운이 느껴진다.
- 어제부터 <u>으스스한</u> 것이 감기에 걸린 모양이다.
- 이 숲은 어쩐지 <u>으스스하니</u> 얼른 지나가자.

'으스스하다'와 '으시시하다'처럼 모음 'ㅡ'와 'ㅣ'를 헷갈려서 곧잘 잘못 쓰는 단어가 또 있다. 바로 '으스대다'와 '으시대다'이다. 우리는 보통 우쭐거리며 뽐내는 사람을 보고 으시댄다고 표현한다. 그런데 '으시댄다'는 '으스댄다'로 고쳐야 한다.

- 영주는 종종 <u>으스대서</u> 친구들에게 미움을 사곤 한다.
- 모처럼 시험을 잘 봤다고 <u>으스대는</u> 꼴이라니.
- 그렇게 <u>으스대다가</u> 언젠가 큰코다친다.
- 그는 높은 사람을 안다고 <u>으스대더니</u> 망신당했다.

***접미사**_어근이나 단어의 뒤에 붙어 새로운 단어를 만드는 말. '도둑질'의 '질', '거짓말쟁이'의 '쟁이', '인간성'의 '성' 따위가 접미사이다.
***어근**_단어에서 실질적 의미를 담당하는 부분. 예를 들어 '덮개'에서 '덮-', '맨발'에서 '발', '일찍이'에서 '일찍'이 어근이다.

"똑, 똑, 물 새는 소리가 난다"
"주먹이 세고 기운이 장사다"

새다
액체, 빛, 소리 따위가 틈이나
구멍으로 조금씩 빠져나가거나
나오다.
날이 밝아 오다.

세다
사물의 수효를 헤아리거나
꼽다(동사).
행동하거나 밀고 나가는
기세가 강하다(형용사).

    소영이는 공부할 때 용어 정리나 내용을 필기할 때면 항상 맞춤법과 띄어쓰기에 자신이 없어 문제가 되었다. 그래서 맞춤법에 관한 책을 구입해 열심히 읽으며 단어들의 올바른 쓰임과 용법 등을 익히고 있다. 맞춤법이 헷갈리는 단어들을 알아 갈수록 머릿속이 복잡해졌다.

    그러던 어느 날 맞춤법에 대해 고민하던 소영이의 눈에 한 줄기 햇살 같은 글이 눈에 들어왔다. 인터넷에서 맞춤법 공부법을 검색하다 어느 대학교수가 쓴 칼럼을 읽게 되었는데, 그 내용에 따르면 단어의 품사까지 함께 공부하면 헷갈리는 단어들을 훨씬 수월하게 구분할 수 있다고 한다. 그 뒤로 소영이는 헷갈리는 맞춤법을 찾아볼 때 단어의 품사를 꼭 알아보는 습관이 생겼다.

하루는 과학 실험 보고서를 정리하던 친구가 액체가 빠져나온다고 할 때 **새다**와 **세다** 중 어느 것이 맞느냐고 물었다. 그런데 순간 소영이도 두 단어가 헷갈렸다. '어쩌지?' 하고 당황한 순간, 2학년 때 보고서를 작성하면서 동사 **새다**로 썼던 기억이 떠올랐다. 소영이는 기체, 액체 등이 틈이나 구멍으로 조금씩 빠져나올 때 **새다**로 써야 한다고 친구에게 가르쳐 준 뒤 **새다**와 **세다**를 더 알아봐야겠다고 생각했다.

소영이는 그날 밤 어디선가 똑, 똑, 물 **새는** 소리가 들려와 잠을 깼다. 물 **새는** 소리를 자신도 모르게 **세면서** 소리가 나는 쪽으로 한 발 한 발 다가갔는데 일곱까지 **세니** 어느새 물 **새는** 소리가 사라졌다. 잠결에 잘못 들었나 생각하며 방으로 돌아오다 이번에는 아래층 주방 쪽에서 닫힌 문틈으로 불빛이 **새어** 나오는 것을 보았다.

아래층으로 내려가려고 발걸음을 옮기던 소영이는 오늘은 부모님이 출장을 가셔서 집에는 거동이 불편하신 할머니와 둘뿐이라는 생각이 났다. 온몸에 소름이 돋았다. 그렇다면 지금 주방에는 누가 있단 말인가? 무서움에 내려가서 확인해 볼 수가 없어 살금살금 방으로 돌아온 소영이는 방문을 잠그고 이불을 뒤집어쓴 채 창밖으로 날이 하얗게 **새는** 것을 지켜보았다. 결국 밤을 꼬박 새우고 말았다.

물 새는 소리에 잠을 깨 밤까지 새우고 만 소영이 이야기를 읽으며 날이 밝아 온다는 뜻을 가진 '새다'까지 만나 보았다. 그리고 마지막에 쓰인 '밤을 새우고 말았다'는 '밤을 새고 말았다'로 고쳐 써야 맞는 게 아닌가 생각할지도 모르겠다.

답부터 말하자면 아니다. 우리가 평소에 쓰는 '밤을 새다'라는 표현이 잘못된 것이다. '날이 밝아 오다'라는 뜻을 지닌 동사 '새다'는 목적어와 함께 쓰지 않는 자동사*이므로 '밤이 새다'가 맞다. 물론 '밤을'로 쓴다면 '밤을 새우다'라고 써야 맞다.

다시 '새다'와 '세다' 이야기로 돌아가 뜻과 쓰임새를 확인해 봐야겠다.

새다는 '기체나 액체가 조금씩 빠져나가거나 들어오다', '빛이 틈으로 나가거나 들어오다', '소리가 밖으로 나가다', '슬쩍 다른 곳으로 가다', '주된 주제에서 벗어나다' 등의 의미를 갖는 동사이다. 예를 보면 확실하게 이해가 갈 것이다. '천장에서 물이 새다', '빛이 새어 나가다', '말소리가 밖으로 새다', '돈이 줄줄 새다', '비밀 정보가 새다', '회의 주제가 다른 길로 새다', '내용물이 새다', '집으로 가지 않고 놀이터로 새다'……. 즉 '새다'는 물질 또는 정보의 유출, 물질이나 에너지의 손실 등을 나타내는 다양한 상황에 사용되는 순우리말이다.

'새다'가 동사인 반면 '세다'는 동사와 형용사, 두 개의 품사에 해당한다. 먼저 동사로서는 '사물의 수를 헤아리다', '머리카락이나 수염이 희어지다'라는 뜻을 갖는다. 흔히 '이 음식은 간이 너무 세다', '그녀는 기가 세다', '바람이 세다', '약 부작용이 세다', '개수를 세다', '머리가 하얗게 세다' 등과 같이 쓰이는 '세다'는 순우리말이다. 또한 형용사로서의 '세다'를 보면 '힘이 많다', '밀고 나가는 기세가 강하다', '물·불·바람의 기세가 크거나 빠르다', '능력이나 수준이 높다'라는 의미가 있는데 '강하다'와 비슷한 말이다.

자, 그럼 '새다'와 '세다'를 다시 한번 확인해 보자.

❄ **새다** : 기체, 액체 따위가 틈이나 구멍으로 조금씩 빠져나가거나 빠져나오다.
빛이 물체의 틈이나 구멍을 통해 나가거나 들다.
어떤 소리가 일정 범위에서 빠져나가거나 바깥으로 소리가 들리다.

돈이나 재산이 조금씩 다른 곳으로 나가는 상태가 된다.

비밀, 정보 등이 몰래 밖으로 알려지다.

모임, 대열, 집단 등에서 슬며시 빠지다.

대화, 토론, 발표 따위가 주된 화제에서 벗어나거나 다른 주제로 바뀌어 버리다.

원래 가야 할 곳으로 가지 아니하고 딴 데로 가다.

날이 밝아 오다.

'새다'는 위와 같이 참으로 여러 가지 뜻을 갖고 일상에서 빈번하게 쓰이는 동사이다. 비슷한 말로는 '나오다', '누설되다', '누출되다', '동트다', '밝다' 등이 있다.

- ◆ 냉장고 뒤에서 물이 샌다.
- ◆ 작은 방에서 불빛이 새어 나왔다.
- ◆ 문틈 사이로 두런거리는 소리가 새어 나온다.
- ◆ 이상하게 지갑에서 돈이 자꾸 샌다.
- ◆ 이 기밀은 기획실에서 새어 나왔다.
- ◆ 그는 중간에 슬그머니 딴 데로 샜다.
- ◆ 대화 주제가 이상한 쪽으로 새고 있다.
- ◆ 동생은 학원에서 돌아오는 길에 항상 편의점으로 샌다.
- ◆ 배가 고프니 날이 새면 밥부터 먹어야겠다.

☼ **세다** : 사물의 수효를 헤아리거나 꼽다(동사).

머리카락이나 수염 따위의 털이 희어지다(동사).

힘이 많다(형용사).

행동하거나 밀고 나가는 기세 따위가 강하다(형용사).

물, 불, 바람 따위의 기세가 크거나 빠르다(형용사).

능력이나 수준 따위의 정도가 높거나 심하다(형용사).

운수나 터 따위가 나쁘다(형용사).

'참가자를 세다', '아버지는 머리가 셌다'에서의 '세다'는 동사로 각각 '헤아리다', '하얘지다'라는 의미이다. 형용사로서의 '세다'는 위의 뜻 외에 '가시가 세다'처럼 사물의 감촉이 딱딱하고 뻣뻣하다는 뜻도 있다. 다음 예문을 보며 동사인지, 형용사인지를 가늠해 보자.

◈ 선생님께서는 답안지를 세고 확인하셨다.

◈ 걱정거리가 많아서인지 엄마의 머리가 허옇게 셌다.

◈ 그는 주먹이 세서 진 적이 없다.

◈ 고집이 센 그에게는 부모님 말씀도 소용이 없다.

◈ 싱크대 수압이 세서 물이 튄다.

◈ 선수 선발의 경쟁률이 세다.

◈ 저 집은 터가 세다는 소문이 돌았다.

*자동사_동작, 작용이 주어에만 미칠 뿐 다른 사물에는 미치지 않으며 목적어를 필요로 하지 않는 동사. 이를테면 '바람이 분다', '물이 끓다', '나는 선생님께 질문했다'에서 '분다', '끓다', '질문했다'는 자동사이다.

어떻게
구분하지?

어이없다, 어의없다, 어처구니없다

우리말의 표준 발음법에 따르면 '의'의 발음은 단어 첫음절의 '의'를 제외하고는 '의'로 발음하는 게 원칙이나 '이'도 허용한다. 그럼 '어이없다'와 '어의없다' 중 맞는 표기는 무엇일까? 앞의 발음 규정 때문인지, 괜스레 뜻 의(意)를 쓸 것 같은 지레짐작 때문인지 '어의없다'로 알고 있는 사람이 의외로 많다. 하지만 맞춤법에 맞는 것은 '어이없다'이다.

어이없다의 뜻은 알다시피 '너무 뜻밖이어서 기가 막히는 듯하다'이다. 예상하지도 못한 일이 벌어져 놀랄 때나 황당할 때 사용하며 '어처구니없다', '기막히다', '놀랍다', '맹랑하다'와 비슷한 말이다.

• 그렇게 열심히 연습했는데 **어이없게** 실수를 저지르고 말았다.
• 자꾸 **어이없는** 행동을 하지 마라.

- 현장을 보고 놀라고 **어이없어서** 할 말이 없었다.
- **어이없는** 네 고집에 말문이 막힌다.
- 혜미야, 너 진짜 **어이없는** 애구나.

우리는 보통 '어이없네'라고도 하지만 '어이가 없네', '어처구니가 없네'라고도 한다. 이때의 '어이'와 '어처구니'를 흔히 맷돌의 손잡이로 알고 있다. 그래서 손잡이가 없어 맷돌을 사용할 수 없는 황당한 경우를 '어이가 없다' 혹은 '어처구니가 없다'라고 표현한 데에서 '어이없다', '어처구니없다'가 유래했다고 한다.

하지만 이것은 사실이 아니다. 즉 많은 사람이 알고 있는 것처럼 '어이'와 '어처구니'는 맷돌의 손잡이가 아니다. 맷돌의 손잡이를 일컫는 말은 '맷손'이며, '어이'와 '어처구니'는 '엄청나게 큰 사람이나 사물'을 가리키는 동의어지만 그 어원이 다르다. 국립국어원에 따르면, '어이'는 '어흐'에서 시작되었다고 추측하며 '어처구니'는 정확한 어원을 알 수 없다고 한다.

그런데 '어처구니'에는 위의 뜻 외에 궁궐의 추녀 마루에 올리는 갖가지 기이한 동물 모양의 토우를 일컫는 뜻이 하나 더 있다. 궁궐 지붕에만 세우는 어처구니는 기와를 고정하는 역할과 궁궐을 지키는 역할을 하는데, 기와장이들이 깜박하고 어처구니를 올리지 않는 실수를 자주 했다. 그래서 어처구니가 없는 지붕을 보고 혀를 끌끌 차며 '어처구니가 없네'라는 말을한 데에서 '어처구니없다'라는 말이 생겨났다고 한다.

- 여러 번 풀어 본 문제인데 **어처구니없이** 틀렸다.
- **어처구니없는** 말을 들으니 대꾸할 말이 없다.
- 시험 날짜를 **어처구니없게** 착각했다.
- 항상 다니는 길인데 모퉁이를 잘못 돌다니 **어처구니없다**.
- 어쩜 그렇게 **어처구니없는** 짓만 하는지 모르겠다.

문장 부호를 사용해야 하는 이유

문장 부호는 문장의 뜻을 명확하게 하거나 문장의 구조를 드러내 읽는 이가 이해하기 쉽도록 사용하는 부호다. 우리가 글을 읽고 의미를 해석하는 데 큰 영향을 미치는 문장 부호를 바르게 사용하지 않으면 글의 의미를 제대로 전달하지 못하고 글의 흐름이 어색해진다. 그런데 요즘에는 문장 부호를 간과하거나 무시하는 사람들이 많다. 특히 SNS에 글쓰기를 하는 사람 중에는 문장 부호를 아예 생략하여 원활한 의사소통에 지장을 주기도 한다.

글을 읽고 쓰는 데 매우 중요한 역할을 하는 문장 부호를 정확하게 이해하여 올바르게 사용하면 읽기 능력과 글쓰기 능력이 향상된다. 우리는 평소에 문장 부호를 얼마나 잘 사용하고 있을까? 또 문장 부호의 종류와 용법을 얼마나 알고 있을까?

문장 부호의 사전적 의미는 '글에서 문장의 구조를 잘 드러내거나 글쓴이의 의도를 쉽게 전달하기 위하여 쓰는 여러 가지 부호'이다. 문장 부호에는 마침표(.)부터 화살표(→)까지 27가지가 있는데 각 부호는 특정한 기능을 담당하며 효과적으로 의미를 전달하고 완성도 높은 글을 만들어 준다. 27개 문장 부호 가운데 우리의 일상 언어생활에서 빈번하게 사용하는 것들의 뜻과 쓰임을 알아보자.

마침표(.)는 서술문,* 명령문, 청유문*의 끝에 찍어 문장이 끝났음을 알려 주며, '2024. 5. 30.'처럼 아라비아 숫자만으로 연월일을 표시할 때 숫자 다음에 사용한다. 쉼표(,)는 '정직, 성실, 협동'과 같이 글에서 항목을 구분하거나 열거할 때 사용한다. '한국과 일본, 필리핀과 베트남, 영국과 프랑스'처럼 짝을 지어 나열할 때나 끊어 읽어야 할 때 쉼표를 넣어서 읽는 사람의 이해를 돕는다.

가운뎃점(·)은 '철수·영희, 영수·민아'처럼 쉼표로 열거된 어구가 다시 여러 단위로 나뉠 때, '3·1 운동, 8·15 광복'처럼 특정한 의미를 가지는 날을 나타내는 숫자나 '곰·사람·고래'처럼 같은 계열의 단어 사이에 사용한다. 물음표(?)는 의문문 끝에 사용해 질문이나 궁금함을 나타낸다. 또 '네가 했어?'처럼 의심하거나 빈정거릴 때 혹은 적당한 말을 찾기 어려운 경우에 쓴다. 느낌표(!)는 '앗!'과 같이 놀람, 기쁨, 화남, 부르짖음, 강한 명령을 표현할 때, 감정을 담아 부르거나 대답할 때 사용한다. 느낌표를 적절하게 사용하면 감정을 전달하는 데 도움이 되고 글에 생동감이 더해진다.

세미콜론(;)은 문장을 끊었다가 이어서 설명할 경우에 쓰는데, 예를 들어 설명하거나 설명을 덧붙일 때 쓴다. 콜론(:)은 표제어 다음에 설명을 더할 때, 희곡 등에서 대화 내용을 제시할 때 사용한다. 또 시와 분, 장과 절 등을 구별할 때 그리고 의존 명사* '대'가 쓰이는 곳에 사용한다. 이를테면 2시 15분을 2 : 15로, 제1장 제3절을 1 : 3으로, 3대 2를 3 : 2로 표현하면서 사용한다. 빗금(/)은 '남한 / 북한'

과 같이 둘 이상의 어구*를 묶어 대비시킬 때, '100원/개'와 같이 기준 단위당 수량을 표시할 때, 시의 행이 바뀌는 부분임을 나타낼 때 사용한다.

큰따옴표(" ")는 익히 알고 있듯이 대화를 나타낼 때 사용하며, 다음과 같이 다른 사람의 말 혹은 글을 인용했음을 나타낼 때도 사용한다.

선생님께서 "교무실로 좀 와 봐"라고 하셨다.
그 문에는 "관계자 외 출입 금지"라는 팻말이 붙어 있었다.

작은따옴표(' ')는 다음의 예와 같이 인용한 말에 들어 있는 인용문을 나타낼 때, 마음속 생각을 나타낼 때, 특정 단어나 문구를 강조하거나 인용했음을 나타낼 때 사용한다.

"선생님께서 '이번 주에 쪽지 시험을 보겠습니다'라고 하셨다."
선생님의 말씀을 듣고 '큰일났다'라고 생각했다.
여러 색깔의 볼펜 가운데 '빨간색'을 집어 들었다.

물결표(~)는 시간, 시간, 거리 또는 범위를 표시할 때 사용한다.

이번 시간에는 12~15쪽을 공부한다.

세종 대왕(재위 1418~1450년)

경부 고속 도로는 서울~부산을 잇는다.

　괄호에는 소괄호(( )), 중괄호({ }), 대괄호([ ]), 홑화살괄호(〈 〉), 겹화살괄호(《 》), 홑낫표(「 」), 겹낫표(『 』)가 있는데 가장 많이 쓰이는 소괄호와 대괄호의 쓰임은 다음과 같다. 소괄호는 내용을 덧붙여 보충할 때, 원어 표기를 제시할 때, 생략할 수 있음을 나타낼 때, 순서를 나타내는 숫자나 문자를 쓸 때 등에 사용한다. 대괄호는 괄호 안에 괄호를 써야 할 때, 고유어에 대응하는 한자어를 제시할 때, 고유어나 한자어에 대응하는 외국어를 제시할 때 등에 사용한다. 이 밖에 책 제목이나 신문 이름은 겹화살괄호나 겹낫표로 표시하고, 소제목·그림·노래·예술 작품 제목·법률 등은 홑화살괄호나 홑낫표로 표시한다.

베토벤(작곡가), 대한민국(大韓民國), 에베레스트(산), (1)·(2)

베토벤[작곡가(作曲家)], 말[馬], 단어[낱말], 학생[student]

《동아일보》, 『로마인 이야기』, 〈풀밭 위의 점심 식사〉, 「교육 기본법」

　여기에서 다룬 문장 부호들은 일상의 글쓰기에서 많이 사용되는 것들이니 이 문장 부호들만이라도 똑바로 알고 알맞은 자리에 제대로 사용하면 우리의 글쓰기와 읽기 능력을 키우는 데 도움이 될 것이다.

***서술문**_화자가 사건의 내용을 객관적으로 진술하는 문장. 평서형 어미로 문장을 끝맺는데 "하얀 눈이 왔다" 따위이다.

***청유문**_화자가 청자에게 같이 행동할 것을 요청하는 문장. 청유형 어미로 문장을 끝맺는데 '자연을 보호하자', '산불이 나지 않게 조심합시다' 따위이다

***어구**_말의 마디나 구절.

***의존 명사**_문장에서 반드시 관형사의 수식을 받아야만 쓰일 수 있는 명사. 명사의 기능을 하므로 앞말과 띄어쓰기를 해야 하며 '것', '따름', '데', '수' 등이 있다. 의존 명사 가운데 '만큼', '대로', '뿐' 등과 같이 조사가 되기도 하는 것이 있으므로 구별하여 사용해야 한다.

곰

제2장

헷갈리는 맞춤법 ②
명사

"햇빛이 너무 눈부셔"
"햇볕이 따뜻해서 좋아"

☀ **햇빛**
해의 빛.

☀ **햇볕**
해가 내리쬐는 기운.

'햇빛'과 '햇볕'은 일상 언어생활에서 아무 생각 없이 잘못 사용하는 단어 중 하나다. 맞춤법 달인이라 자처하는 사람들도 뜻의 차이를 혼동하는 '햇빛'과 '햇볕'. 어떻게 다른지 이야기로 알아보자.

요즘 세영이는 **햇빛** 때문에 고민이다. 아직 5월인데 **햇빛**이 너무 강해서 **햇빛** 알레르기로 고생하고 있기 때문이다. 며칠 전 가족 여행을 다녀온 후 얼굴과 팔에 불긋불긋 두드러기가 나기 시작했다. 크고 작은 두드러기가 점점 퍼져 집에 있는 연고를 발라도 소용이 없고 간지러워서 계속 긁어 상처까지 생겼다. 가려움을 참기 힘든 데다 걱정이 되어 하는 수 없이 피부과에 갔더니 의사 선생님께서 **햇빛** 알레르기라고 했다.

"내게 **햇빛** 알레르기가 생기다니……."

믿을 수가 없는 세영은 연고를 처방받고 집으로 돌아오는 버스 안에서 핸드폰으로 자신을 괴롭히는 **햇빛** 알레르기를 찾아보았다. 세영이는 어려서부터 따뜻한 **햇볕** 쬐기를 좋아했다. 그래서 날씨가 좋은 날에는 저절로 입꼬리가 귀까지 올라가 환한 미소가 지어지며 **햇볕**이 내리쬐는 하늘을 한동안 바라보곤 했다.

그럼 세영이는 앞으로 따뜻한 **햇볕**이 그리운 날에는 어떻게 해야 할까? **햇빛**이 강한 날에는 될 수 있으면 긴소매 옷을 입고 모자를 쓰는 등 **햇빛**을 직접 쬐지 않도록 해야 한다. 또 얼굴에는 자외선 차단제를 꼼꼼히 바르고 해를 등지고 **햇볕**을 쬐어야 한다.

세영이가 **햇빛**을 보면서 미소를 짓는 이유는 **햇빛**을 쬐면 만족감과 행복감을 느끼게 하는 '세로토닌'이라는 신경 전달 물질이 뇌 조직에서 생성되기 때문이다. '행복 호르몬'으로 일컫는 세로토닌은 부족하면 우울증이나 불안증 등이 생길 수 있어 야

외 활동이 적은 겨울철에는 특히나 **햇볕**을 자주 쬐어야 한다. 겨울에는 해가 짧아지고 활동량이 줄어들면서 생체 리듬이 깨지기 쉬워 사람도 식물처럼 **햇빛**을 받아 광합성을 하는 것이 좋다. 우리 몸은 건강을 유지하기 위해 몸에 부족한 것들을 원하기 마련이다. 그래서 날씨가 추워지면 우리는 따뜻한 **햇볕** 샤워를 그리워하게 되는가 보다.

자, 그럼 '햇빛'과 '햇볕'이 어떻게 다른지 확인해 보자.

햇빛 : 해의 빛.
세상에 알려져 칭송받는 것을 이르는 말.

'햇빛이 밝게 비치다', '햇빛이 환하다', '햇빛이 없어 깜깜하다'에서 알 수 있듯이 **햇빛**은 밝고 어두운 것을 뜻한다. 즉 사람의 시신경을 자극해 물체를 볼 수 있게 하는 빛을 말한다. 이외에 '그 작가는 세상을 떠난 후 비로소 햇빛을 보았다'에서와 같이 사람이나 작품 따위가 널리 알려져 높이 평가받는 것을 비유하는 말로서의 '햇빛'이 있다.

◆ 맑은 공기를 마시고 햇빛을 쐬다.
◆ 그 방은 햇빛이 안 들어 어두컴컴하다.
◆ 여름에는 모자로 햇빛을 가리는 게 좋다.

◆ 햇빛에 반사되어 반짝이는 아침 이슬을 보았다.

◆ 그는 살아서는 화가로서 햇빛을 보지 못했다.

☀ **햇볕** : 해가 내리쬐는 기운.

'햇볕이 따뜻하다', '햇볕에 검게 그을리다', '햇볕이 쨍쨍 내리쬐다'와 같이 **햇볕**은 우리가 느끼는 따사로운 기운을 말한다.

◆ 햇볕에 검게 타다.

◆ 창에 기대어 따사로운 햇볕을 쬐다.

◆ 한여름 햇볕이 쨍쨍 내리쬐고 있다.

◆ 등에 햇볕이 닿으니 온몸이 따스해진다.

위, 윗-, 웃-

'위', '윗-', '웃-'으로 시작하는 단어는 쓸 때마다 어느 것을 써야 할지 정말 헷갈려서 쓰면서도 자신이 없다. 이번 기회에 정확하게 알아 두자.

위는 ㄲ, ㄸ, ㅃ, ㅆ, ㅉ 같은 된소리와 ㅊ, ㅋ, ㅌ, ㅍ 같은 거센소리 앞에 쓰이며 위아래 구분이 있는 낱말에 붙인다. 뒤에 된소리와 거센소리가 오므로 사이시옷을 받쳐 적지 않는다. 사이시옷까지 적으면 소리가 지나치게 거세지기 때문이다. 아래 예문을 보면 사이시옷이 필요 없다는 점이 이해될 것이다.

- **위**쪽으로 가면 독서실이 있는 건물이 나온다.
- **위**층에서 음악 소리가 너무 크게 들린다.
- **위**팔이 아래팔보다 더 아프다.

윗-은 ㄱ, ㄷ, ㅂ, ㅅ, ㅈ의 예사소리로 시작하되 위아래 구분이 있는 낱말 앞에 붙인다. 분명하게 발음하기 위해 사이시옷을 붙이는 것이다. 아래 예문을 확인하며 '위동네', '위도리'라고 읽어 보면 어색할 것이다.

- 나는 **윗**동네에서 아랫동네로 이사 왔다.
- 이 옷은 **윗**도리가 아랫도리보다 커요.

웃-은 위아래로 대립하지 않는 낱말에 '윗-'을 대신하여 쓴다.

- 웃어른을 보면 인사해야 해.
- 이 게임기는 절판되어 웃돈을 주고 샀어요.

어른과 돈에는 당연히 위아래 구분이 없어 '아래어른', '아랫돈'이라는 말이 없으니 '웃-'이 오는 것이다. 하지만 이빨과 온돌방 바닥에는 위아래가 있으므로 '윗니'(웃니 ×)·'아랫니', '윗목'(웃목 ×)·'아랫목'이라고 써야 맞는다.

간단하게 정리하자면 위는 된소리와 거센소리 앞에, 윗-은 예사소리로 시작하고 위아래 구분이 있는 단어 앞에, 웃-은 위아래 구분이 없는 단어 앞에 쓰인다.

"반질반질한 호박 껍질"
"딱딱한 달걀 껍데기"

껍질
물체의 겉을 싸고 있는
단단하지 않은 물질.

껍데기
달걀이나 조개 따위의 겉을
싸고 있는 단단한 물질.

재민이 집은 골목 끝에 있어 날이 저물면 골목 안이 어두워져 무서울 때가 많다. 그래서 재민이는 항상 핸드폰 플래시를 켜고 길을 비추며 걸어가곤 한다. 플래시를 켜지 않고 걷다가 바나나 **껍질**을 밟고 벌러덩 미끄러진 뒤로는 한층 조심하며 걷는다.

오늘은 달빛이 살짝 길을 비추고 있어 그런대로 걸을 만했다. 그런데 가로등도 없는 어두컴컴한 골목 안 어느 집 담벼락에 붙여 놓은 전복 **껍데기**에 달빛이 반사되며 어떤 형상을 만들어 내고 있었다. 뭔가 싶어 다가가 보니 대문 앞에 내놓은 물건들의 그림자와 어우러져 마치 사람의 실루엣 같았다. 그래서 걸음을 옮길 때마다 꼭 누군가가 따라오는 느낌이 들어 등이 오싹했다.

무서운 생각이 들자 재민이는 어렸을 때 할아버지께서 들려주신 달걀귀신 이야기가 떠올라 발걸음을 재촉했다. 그런데 저만치 앞에서 긴 머리에 하얀 원피스를 입은 아가씨가 비척비척 걸어가고 있는 게 아닌가? 이건 또 뭔가 싶었지만 아가씨가 금방이라도 쓰러질 듯이 비틀거리는 걸 보니 분명 무슨 일이 생긴 것 같았다. 재민이는 조심스레 다가갔다.

"저기요, 어디 불편하세요?"

아가씨는 발걸음을 멈추고 천천히 고개를 돌려 재민이를 쳐다보았다. 세상에나! 아가씨 얼굴이 꼭 달걀 **껍질**처럼 하얀 데다 눈, 코, 입이 하나도 없었다. 재민이는 너무 놀란 나머지 뒤로 자빠질 뻔했지만 용기 내 크게 소리쳤다.

"이 달걀귀신아, 네 **껍질**을 벗고 정체를 드러내라!"

그러자 달걀귀신이 이렇게 대꾸하는 거였다.

"아니, 내가 감자도 아니고 호박도 아닌데 **껍질**이라니!"

그러고는 화가 난 듯 주머니에서 뭔가를 꺼내 재민이를 향해 던졌다. 달걀귀신이 던진 것을 얼떨결에 받아들었는데 재민이 팔뚝만 한 호박이었다. 놀라서 호박을 내려다보는 재민이에게 달걀귀신이 소리를 질렀다.

"이놈아, 내 **껍데기**를 벗기고 싶다면 그 호박 **껍질**이나 벗겨라!" 하고는 재민이에게 바짝 다가왔다. 재민이는 혼비백산해서 걸음아 날 살려라 하고 집으로 뛰어들어 와 대문을 잠갔다. 다행히 달걀귀신이 집까지 따라오지는 않아 숨을 몰아쉬며 두근거리는 마음을 달랬다. 얼른 씻고 자려고 누웠는데 아까 달걀귀신이 "이놈아, 내 **껍데기**를 벗기고 싶다면 그 호박 **껍질**이나 벗겨라!"라고 한 말이 떠올랐다.

달걀을 싸고 있는 건 **껍데기**일까, **껍질**일까?

'껍질'과 '껍데기'는 둘 다 어떤 물질의 겉을 감싸고 있는 부분을 가리키는 말로, 뜻이 전혀 다르지는 않다. 하지만 두 단어를 사용할 때는 적절하게 구별해서 써야 한다. **껍질**은 물체의 겉을 감싼 단단하지 않은 물질을 가리키고, **껍데기**는 물질의 겉을 감싼 단단한 물질을 가리킨다.

달걀을 감싸고 있는 겉 부분은 돌처럼 단단하지는 않지만 양파나 귤처럼 쉽게 벗겨지지 않으니 달걀 껍질이 아니라 달걀 껍데기라고 해야 맞는다. 또 **껍데기**에는 이불 껍데기, 과자 껍데기, 베개 껍데기처럼 '알맹이를 빼내고 겉에 남은 물건'이라는 뜻도 있다. 이 경우에는 단단한 것이 아니어도 '껍데기'라는 말을 쓴다.

재민이는 심장이 떨어질 만큼 놀라기는 했지만, 골목에서 만난 달걀귀신 덕분에 이제는 **껍질**과 **껍데기**를 혼동하지 않고 쓸수 있겠다는 생각을 하며 잠이 들었다.

자, 그럼 '껍질'과 '껍데기'를 다시 한번 확인해 보자.

☀ **껍질 :** 물체의 겉을 싸고 있는 단단하지 않은 물질.
곡식과 채소, 과일, 동물처럼 상처 나기 쉬운 단단하지 않은 무른 물체를 보호하기 위해 질긴 물질의 켜로 만들어져 있는 것을 가리킨다.

◆ 양파 껍질을 벗기다 눈이 매워 눈물이 났다.
◆ 수박 껍질을 잘게 잘라 버렸다.
◆ 원숭이가 바나나 껍질을 벗긴다.
◆ 닭 껍질은 물컹물컹해서 먹기 싫다.
◆ 껍질을 벗기지 않은 곡식의 알이 낟알이다.

☀ **껍데기 :** 달걀이나 조개 따위의 겉을 싸고 있는 단단한 물질.
알맹이를 빼내고 겉에 남은 물건.
물체의 겉을 싸고 있다는 점에서는 '껍질'과 같지만, 전복 껍데기처럼 단단하다는 점이 다르다. 하지만 알맹이를 뺀 겉의 물건을 가리킬 때는 단단하지 않은 것도 있다.

- ◆ 전복 껍데기는 나전 칠기에 이용한다.
- ◆ 은행 껍데기에서 고린내가 난다.
- ◆ 소라 껍데기를 귀에 대면 파도 소리가 들린다.
- ◆ 동생이 과자를 먹어 치워 껍데기만 남았다.
- ◆ 나는 땀에 젖은 베개 껍데기를 벗겼다.

우리 속담 가운데 모든 것은 바탕이 있어야 생길 수 있다는 뜻을 가진 "껍질 없는 털이 있을까"라는 재미있는 속담이 있다. 여러분은 이제 여기에서 껍데기가 아니라 껍질이라고 한 까닭을 모두 이해하리라 생각한다.

며칠, 몇 일

'몇 일'과 '며칠'은 쓸 때마다 헷갈려서 종종 잘못 사용한다. '며칠, 며칠 전'과 '몇 일, 몇 일 전' 중 어떤 게 맞는 걸까? 먼저 다음을 보자.

오늘은 몇 월 며칠이야?
오늘은 몇 월 몇 일이야?

며칠이 맞는 말로 그달의 몇 번째 되는 날 혹은 몇 날이라는 뜻이다. 보통 수를 물을 때 쓰는 '몇'과 '월'이 합쳐진 '몇 월'처럼 '몇 일'이 맞는 말이라고 생각하기 쉽다. '몇 월'이 [며둴]로 발음되는 것과는 달리 '몇 일'은 [며딜]로 발음되지 않고 [며칠]로 발음된다. 따라서 "둘 이상의 단어가 어울려 이루어진 말은 각각 그 원형을 밝히어 적되, 어원이 분명하지 않은 것은 원형을 밝히어 적지 아니한다"라는 국립국어원의 규정에 따라 발음 그대로 '며칠'로 표기한다.
예문 속 '며칠'과 그 뜻을 보면 앞으로 혼동하는 일이 없을 것이다.

- 우리 동아리 모임을 **며칠**(몇 번째 되는 날)에 하면 좋을까?
- 그는 **며칠**(몇 날) 동안 아무 말을 하지 않았다.
- 너는 생일이 몇 월 **며칠**(몇 번째 되는 날)이야?

- 그가 떠나자 **며칠**(몇 날)을 두고 아쉬워하는 친구들이 많았다.
- 개학이 **며칠**(몇 번째 되는 날)인지 잊어버렸다.

그리고 '며칠 전'은 '며칠'과 '전' 모두 명사*이므로 명사와 명사는 띄어쓰기한다는 원칙에 따라 띄어쓰기해야 한다.

***명사**_사물의 이름을 나타내며 이름씨라고도 한다. 특정한 사람이나 물건에 쓰이는 이름이냐 일반적인 사물에 두루 쓰이는 이름이냐에 따라 고유 명사와 보통 명사로, 자립적으로 쓰이느냐 그 앞에 반드시 꾸미는 말이 있어야 하느냐에 따라 자립 명사와 의존 명사로 나뉜다.

"산 너머 남촌에는 누가 살까?"
"산 넘어 무지개를 찾으러 갈까?"

 너머
높이나 경계로 가로막은
사물의 저쪽. 또는 그 공간.

 넘어
동사 '넘다'의 활용형으로서
'경계를 벗어나거나
지나다'의 뜻.

'너머'와 '넘어'는 발음이 같고 의미가 비슷하여 쓰임새를 착각하기 쉬우나, '너머'는 명사이고 '넘어'는 동사라는 점부터 다르다. 다음 이야기를 보며 어떻게 다른지 생각해 보자.

영호네 반은 체험 활동 시간에 학교 인근에 있는 산에 올랐다. 체험 활동으로 등산을 한다는 말을 들은 반 아이들은 처음에는 일제히 불만을 터뜨렸지만, 체력이 좋아야 공부도 끈기 있게 할 수 있다는 담임 선생님의 말씀을 듣고는 불만을 누그러뜨린 채 산에 올랐다. 산을 오르며 영호는 국어 시간에 배운 시가 떠올랐다.

"산 **넘어** 남촌에는 누가 살길래~ 해마다 봄바람이 남으로 오네……."

김동환 시인의 〈산 **너머** 남촌에는〉이라는 시를 한 가수가 노래로 만들어 불러 유명해진 뒤 여러 가수가 부른 오래전 노래다. 엄마는 설거지하실 때면 늘 이 노래를 흥얼거려 영호도 저절로 외워졌다. 국어 시간에 선생님께서 이 시를 소개할 때는 반가워서 열심히 수업을 들었다. 그 후 길을 걷거나 오늘처럼 산을 오를 때면 무의식중에 입에 나오게 되었다.

영호의 노랫소리를 들으며 옆에서 걷던 희찬이가 덩달아 노래를 부르기 시작하더니 가사를 바꾸고 우스꽝스러운 춤까지 추어 반 친구들에게 웃음을 주었다.

"강남 **너머** 강북에는 누가 살길래~ 해마다 이사 차가 남으로 오네……."

그때 현우가 아는 체를 했다.

"야, 산 **너머**야, 산 **넘어**야? 너희 맞춤법을 어깨너머로 배운 거 아냐?"

그러고 보니 영호는 '산 **넘어**'라고 했는데, 희찬이는 '강남 **너**

머'라고 했다. 대체 어떤 게 맞는 말일까?

산을 내려오면서 이번 기회에 정확하게 알고 넘어가야겠다고 마음속으로 다짐한 영호는 집에 돌아오자마자 국어사전에서 찾아보았다. 그런데 **넘어**를 아무리 찾아도 없어서 애를 먹다 혹시 하고 동사 '넘다'를 찾았더니 **넘어**가 활용형이라고 쓰여 있었다. **너머**는 명사로 공간이나 장소를 나타낼 때 사용하고, **넘어**는 동사로 행동이나 동작을 나타낼 때 사용해야 한다는 사실을 알게 되었다.

영호는 **너머**와 **넘어**의 쓰임을 잊지 않으려고 그날 저녁 일기장에 이런 시를 적었다.

산 너머 해님이 숨바꼭질할 때

희망을 실은 바람이 산 넘어 살랑살랑 불어오면 좋겠다.

자, 그럼 '너머'와 '넘어'를 다시 한번 확인해 보자.

☀ **너머** : 높이나 경계로 가로막은 사물의 저쪽. 또는 그 공간.

'구름 너머', '수풀 너머'와 같이 **너머**는 실제 동작이 아니라 공간이나 공간의 위치를 뜻한다. '로', '에', '에서'와 같은 조사를 붙여서 쓰기도 한다. 그리고 '어깨'와 '너머'를 붙여서 **어깨너머**로 표기하면 남이 하는 것을 옆에서 보거나 듣는다는 뜻을 가진 단어가 되며, '스승님 어깨너머로 배웠다'와 같이 쓰인다. 사실 '너머' 역시 '넘어'와 마찬가지로 동사 '넘다'에서 왔지만 명사로 굳어진 말이다.

- ◆ 수평선 너머 해가 떠올랐다.
- ◆ 창문 너머로 무지개가 보인다.
- ◆ 담 너머에서 울음소리가 들려온다.
- ◆ 안경 너머로 그의 눈에 어린 눈물이 보였다.
- ◆ 저 산 너머에 내가 태어난 고향이 있다.

☀ **넘어 :** '넘다'의 활용형으로서 '경계를 벗어나거나 지나다'
　　　　의 뜻.

　동사 '넘다'의 활용형으로 '도둑은 담을 넘어 집으로 들어갔다'와 같이 **넘어**는 주로 조사 '을 /를' 뒤에 오며 실제로 동작이 따르는 상황을 표현할 때 쓴다.

- ◆ 그는 국경을 넘어 중국으로 망명했다.
- ◆ 그녀는 저 골짜기를 넘어 고향으로 간다.
- ◆ 전쟁이 나자 사람들은 산을 넘어 피난 갔다.
- ◆ 아빠는 창문을 넘어 도망가는 도둑을 잡았다.
- ◆ 선수들이 허들을 넘어 골인 지점으로 달려간다.

또한 '노래 실력이 아마추어 수준을 넘어 프로 같다', '산 넘어 산이다'와 같이 일정 기준이나 어려움을 지나는 것을 표현할 때도 **넘어**를 사용한다.

---

*'넘어'는 동사의 활용형이나 '너머'가 명사이므로 이 장에서 다룬다.

어떻게 구분하지?

머리말, 머릿말

"머리말을 감동적으로 읽었어요"와 "머릿말을 감동적으로 읽었어요" 중 어느 것이 맞을까? 결론부터 말하면 첫 번째의 '머리말'이 맞고 '머릿말'은 비표준어이다. '머리말'은 다음 두 가지 뜻을 가진 명사이다.

① 책이나 논문 등의 첫머리에 글의 취지나 내용의 대강을 간략하게 적은 글.
② 말이나 글 등에서 본격적인 논의를 하기 위한 실마리가 되는 부분.

발음해 보면 입에 착 붙는 느낌이 들어서인지 '머리말'보다 '머릿말'로 말하거나 표기하는 경우가 많다. 그럼 왜 '머릿말'이 아니라 '머리말'일까? 한글맞춤법 제30항을 보면, 순우리말 또는 순우리말과 한자어로 된 합성어로서, 앞말이 모음으로 끝나고 다음 세 가지 중 하나에 해당하면 단어와 단어 사이에 사이시옷을 받치어 적도록 규정한다.

① 뒷말의 첫소리가 된소리로 나는 경우 : 귓병([귄뼝]), 나룻배([나룬빼]), 아랫집([아랟찝]), 찻집([찯찝]), 텃세([턷쎄]), 햇수([핻쑤]), 혓바늘([혇빠늘])

② 뒷말의 첫소리 ㄴ, ㅁ 앞에서 ㄴ 소리가 덧나는 경우 : 곗날([겐ː날]), 뒷머리([뒨ː머리]), 빗물([빈물]), 양칫물([양친물]), 잇몸([인몸]) 제삿날([제ː산날]), 툇마루([퇸ː마루])

③ 뒷말의 첫소리 모음 앞에서 ㄴㄴ 소리가 덧나는 경우 : 깻잎([깬닙]), 나뭇잎([나문닙]), 뒷일([뒨ː닐]), 베갯잇([베갠닏]), 예삿일([예ː산닐]), 홋일([훈ː닐])

머리말은 '머리'와 '말'이 합해진 순우리말이며, 뒷말인 '말'의 첫소리 ㅁ 앞에서 ㄴ 소리가 덧난 [머린말]이 아니라 [머리말]로 발음한다. 따라서 사이시옷이 있는 머릿말로 표기해서는 안 된다. 다음 예문으로 확실하게 익혀 두자.

- 저자는 **머리말**에서 논문의 집필 동기를 밝혔다.
- 나는 책을 읽을 때 먼저 **머리말**부터 읽는다.
- 이 글은 **머리말**, 본문, 맺음말로 구성되어 있다.

이제 '머릿말'이 아니라 '머리말'로 자신 있게 쓸 수 있으리라 생각한다. 마지막으로 **곳간**(庫間), **셋방**(貰房), **숫자**(數字), **찻간**(車間), **툇간**(退間), **횟수**(回數)를 제외한 한자어에는 사이시옷을 적지 않는다는 **규칙**도 알아 두면 더 이상 사이시옷이 두렵지 않을 것이다.

"봉오리에 나비가 앉았다"
"봉우리에 구름이 앉았다"

☀ **봉오리**
망울만 맺히고 아직 피지
않은 꽃.

☀ **봉우리**
산에서 뾰족하게 높이 솟은
부분.

    일요일 아침. 미진이는 가족과 함께 아파트 가까이에 있는 산
으로 꽃놀이를 갔다. 산은 즐거운 담소를 나누며 등산하는 사람
들로 북적였다. 동생과 끝말잇기를 하며 신나게 오르던 미진이
는 산 여기저기에 눈길이 갔다. 마침 산에는 형형색색의 꽃들이
막 피어나고 있었다.

    꽃나무들에는 서로 먼저 꽃망울을 터뜨리려고 경쟁이라도 하

듯이 다닥다닥 **봉오리**가 맺혀 있었다. 겨우내 죽은 것처럼 말라붙었던 나무와 풀 들이 어느새 초록빛을 띠며 되살아나 꽃을 피우려는 모습을 보고 '자연의 신비로운 조화란 이런 것이구나!'라는 생각을 하는데, 앞서 달려가던 동생 미나가 미진이를 향해 소리쳤다.

"언니~ 꽃봉우리다."

"어디? 우리가 벌써 산 정상에 다 왔다고?"

봉우리라는 말에 깜짝 놀라 두리번거리며 미나가 있는 쪽을 바라보았다. 미나가 오른손에 이제 막 피기 시작한 **꽃봉오리** 하나를 들고 뛰어 내려오고 있었다. 미진이는 미나에게 말했다.

"난 또…… 벌써 산꼭대기에 온 줄 알았잖아."

"언니, 우리 올라온 지 얼마 되지도 않았는데 벌써 무슨 산봉오리냐?"

그때 나와 동생의 대화를 듣던 엄마가 웃으며 말씀하셨다.

"우리 미진이랑 미나는 맞춤법 공부 좀 해야겠다. **봉오리**와 **봉우리**를 구분하지 못하네."

미진이는 엄마의 말씀을 듣고 집에 돌아오자마자 사전을 찾아보았다.

봉오리는 꽃이 아직 피어나지 않고 꽃망울만 맺힌 상태를 말한다. 그런데 '꽃봉우리'라고 잘못 말하는 사람들을 흔히 볼 수 있다. **봉우리**는 산봉우리를 가리킬 때 쓰는 말로 산에서 가장 높이 솟은 부분을 이른다. 꽃봉우리처럼 '산봉오리'라고 잘못 말하는 사람도 많다.

'봉오리', '봉우리'는 형태가 비슷하니 꽃봉오리를 꽃봉우리로, 산봉우리를 산봉오리로 착각할 만하긴 하다. 하지만 꽃과 산은 착각하기에는 완전히 다른 것이니 정확하게 알고 써야겠다.

자, 그럼 '봉오리'와 '봉우리'를 다시 한번 확인해 보자.

☀ **봉오리** : 망울만 맺히고 아직 피지 않은 꽃 = 꽃봉오리.

'봉오리가 맺히다', '터질 듯한 봉오리를 물고 있다'와 같이 **봉오리**는 꽃을 피우기 전의 상태를 가리킨다.

◆ 튤립 봉오리가 무척 탐스럽다.

◆ 그는 봉오리가 작은 꽃만 골랐다.

◆ 카네이션 봉오리가 수줍게 웃는다.

◆ 강아지가 꽃밭에서 꽃봉오리를 뜯고 있다.

◆ 아직 피지도 못하고 망울만 맺힌 꽃봉오리가 지고 말았다.

☀ **봉우리** : 산에서 뾰족하게 높이 솟은 부분 = 산봉우리.

'태백산 봉우리', '산봉우리를 넘어'와 같이 **봉우리**는 산에서 우뚝 솟은 높은 부분을 가리킨다.

◆ 우리는 마침내 산의 가장 높은 봉우리에 올랐다.

◆ 한라산 봉우리에 뭉게구름이 피어오른다.

◆ 요정들이 여름 산의 봉우리 사이를 날아다녔다.

◆ 달은 벌써 산봉우리 위에 올라앉았다.

◆ 눈이 하얗게 덮인 산봉우리가 장관이다.

이미 알아차렸겠지만 '봉오리'는 꽃, '봉우리'는 산이라는 점을 알아 두자.

덕분, 탓, 때문

'덕분', '탓', '때문'은 모두 어떤 일이 발생한 원인을 나타내는 말이지만 상황에 따라 구분해서 써야 한다.

우선 **덕분**은 '덕'이나 '덕택'과 비슷한 말로 베풀어 준 은혜나 도움을 의미하므로 자연히 긍정적인 상황에서 쓴다.

- 나는 담임 선생님 **덕분**에 원하던 학교에 진학했다.
- 열심히 노력한 **덕분**에 내 꿈을 이룰 수 있었다.
- 그동안 걱정해 주신 **덕분**에 저는 잘 지냈습니다.

탓은 주로 바람직하지 않은 일이 일어난 까닭이나 원인을 이르거나 구실과 핑계 삼아 원망하거나 나무라는 일을 의미하므로 부정적인 맥락에서 쓴다.

- 이번 사고는 안전 불감증 **탓**이다.
- 나는 성미가 급한 **탓**에 동생과 자주 싸운다.
- 사람들은 일이 잘 안 풀리면 조상 **탓**을 한다.

때문은 어떤 일의 원인이나 까닭을 의미하는 말로 부정적인 상황과 긍정적인 상황 모두에 쓴다.

- 그는 땅콩 알레르기 **때문**에 고생한다.
- 오늘이 내 생일이기 **때문**에 기대된다.
- 찬수는 근육통 **때문**에 힘들어한다.

'덕분', '탓', '때문'은 위에서 본 것과 같이 상황과 맥락에 맞게 적절히 나누어 쓸 줄 알아야 한다. 여러분이 누군가로부터 "당신 덕분에 제가 여기까지 왔습니다"라는 말을 들을 수 있기를 바란다.

"일절 간섭하지 말아 줘"
"친구들과 일체 연락을 끊었어"

일절	일체
'아주', '전혀', '절대로'의 뜻.	모든 것.

민재는 부모님과 저녁을 먹으러 동네 식당에 갔다. 음식을 주문하기 위해 메뉴판을 살피던 민재의 눈에 '안주 **일체**'라는 문구가 들어왔다. 순간 민재는 지난번에 다른 식당의 메뉴판에는 분명 '안주 **일절**'이라고 적혀 있었던 게 떠올랐다.

그 뒤 민재는 식당에 갈 때마다 메뉴판을 유심히 보았는데 어떤 식당은 '안주 **일절**', 어떤 식당은 '안주 **일체**'로 다르게 쓰여 있었다.

"어, 이상하다. 안주 **일절**? 안주 **일체**? 도대체 어떤 게 맞는 말이지? 아빠, 안주 **일절**이 무슨 뜻이에요?"

민재는 밥을 먹으면서 메뉴판을 가리키며 어떤 게 맞는 표기인지 아빠에게 여쭈었다.

"모든 안주가 갖추어져 있다는 말이야."

"그럼, 안주 **일체**는요?"

"음······. **일절**, **일체** 헷갈리는데. 우선 밥부터 먹고 집에 가서 찾아보자."

언젠가 학교에서 배운 것도 같은데 잘 기억이 나지 않아 답답한 민재는 이번 기회에 **일절**과 **일체**를 분명하게 이해해 내 것으로 만들어 두어야겠다고 굳게 마음먹고 집에 오자마자 온라인에서 검색해 보았다. 두 단어를 찾아본 민재는 기억하기 쉽도록 **일절**은 영어 never와 같고 **일체**는 all과 같다고 수첩에 적었다.

'일절'과 '일체'는 어른들도 정말 많이 틀리는 말이다. 문제는 일상생활에서 잘못인 줄 모르는 채 사용된다는 점이다. '일절'과 '일체'는 도대체 왜 그렇게 혼동해서 쓰일까? 뜻을 바르게 구분하지 못하고 입에 익은 대로 사용하기 때문이다.

그렇다면 두 단어가 어떻게 다른지 자세히 알아보고 궁금증을 해결해 보자.

'일절'과 '일체'의 뜻을 구분하기 어려운 이유는 한자로 쓰면 똑같기 때문이다. '일절', '일체' 모두 一切로 표기하는데 한자 切은 '끊을 절', '온통 체'로 두 가지 뜻과 두 가지 음을 가진다. 그러니 한자의 뜻을 기억하는 것이 '일절'과 '일체'를 정확하게 이해하는 좋은 방법이다.

  무엇보다 이 두 단어는 사용하는 쓰임새가 아예 다르다는 점을 알아야 한다. '실수는 일절 없었다', '무례함은 일절 용납되지 않는다'에서 **일절**은 '아주', '전혀', '절대로'를 의미한다. 반면 '학생 급식 비용은 일체 학교가 부담한다', '미술 도구 일체를 갖추다'에서 **일체**는 '모든 것', '전부'를 의미한다. 이제는 '안주 일절'과 '안주 일체' 중 어느 쪽이 맞는지 망설이지 않고 고를 수 있을 것이다. '안주 일절'은 '안주 전혀'나 '안주 절대로'가 되니 '모든 안주'라는 뜻의 '안주 일체'가 당연히 맞는다.

  그리고 한 가지 더 알아 둘 사항이 있다. '일절'과 '일체'는 품사가 달라 '일절'은 부사로만 사용되고, '일체'는 명사 또는 부사로 사용된다. 그러므로 명사로 쓰이는 상황에서 '일절'은 사용할 수 없다.

  자, 그럼 '일절'과 '일체'를 다시 한번 확인해 보자.

  ☀ **일절** : 아주, 전혀, 절대로.

  '일절 말하지 않는다', '커피를 일절 입에 대지 않는다', '출입을 일절 금하다'와 같이 **일절**은 어떤 행동을 하지 않는다는 부정적 의미가 담긴 문장에 쓰인다.

- ◆ 엄마는 잔소리를 일절 하지 않으신다.
- ◆ 실내에서는 흡연이 일절 금지되어 있다.
- ◆ 영수는 전학을 간 뒤 친구들과 연락을 일절 하지 않는다.
- ◆ 간헐적 단식을 할 때면 음식물을 일절 섭취하지 않는다.
- ◆ 나는 부모님 이야기를 일절 하지 않는다.

☀ **일체** : 모든 것, 완전히, 모조리.

'음식 일체', '근심 일체를 털어 버리다', '책임 일체를 지다'와 같이 **일체**는 '빠짐없이 전부'를 뜻한다.

- ◆ 교통사고에 일체 책임을 진다.
- ◆ 여행 경비 일체를 우리가 부담했다.
- ◆ 외부 음식 일체를 금지한다.
- ◆ 그곳에는 요리 도구 일체가 구비되어 있다.
- ◆ 언니는 친구들과 일체 연락을 끊고 공부에 전념한다.

---

*'일절'은 부사지만 '일체'가 명사이자 부사여서 이 장에서 다룬다.

-배기, -빼기

중국 음식이 먹고 싶은 날 짬뽕 곱빼기를 먹을까, 아니면 짜장면 곱배기를 먹을까 고민한다. 이때 '곱빼기'라고 해야 할지, '곱배기'라고 해야 할지 망설여진다. 또 해장국을 먹으러 갔을 때는 '뚝빼기'가 맞는지, '뚝배기'가 맞는지 참 헷갈린다.

이번 기회에 '-배기'와 '-빼기를 알아 두자.

우선 [배기]로 발음되면 '-배기'로 적는다. '-배기'는 명사 뒤에 붙어서 그 뜻을 더하는데, 그 쓰임새는 다음 세 가지다.

첫째 두 살배기·다섯 살배기처럼 그 나이를 먹은 아이를 가리키는 뜻이 있고, 둘째 나이배기*·알짜배기처럼 어떤 것이 들어 있거나 차 있다는 뜻이 있다. 마지막으로 공짜배기, 대짜배기, 진짜배기와 같이 그러한 물건을 가리키는 뜻이 있다. 그리고 귀퉁배기, 육자배기,* 포배기* 등도 '-배기'가 쓰인 예이다.

그런데 뚝배기는 앞의 세 가지 쓰임에 해당하지 않는데 어떻게 된 걸까? **ㄱ, ㅂ 받침 뒤에서 [빼기]로 발음되는 것은 '배기'로 적는데 '뚝배기'가 바로 그 예이다.**

- 한 살배기 아기가 아장아장 걷는다.
- 그 어른은 알짜배기 땅을 갖고 계신다.
- 우리 형은 공짜배기를 너무 좋아한다.

• 야식으로 대짜배기 족발을 시킨다.

낱말 뒤, 즉 형태소* 뒤에서 [빼기]로 발음되는 것은 '빼기'로 적는다. 일부 명사 뒤에 붙여서 쓰는 '-빼기'는 두 가지 의미로 쓰인다. 하나는 곱빼기, 밥빼기,* 얼룩빼기, 구석빼기, 재빼기,* 과녁빼기*처럼 사람이나 물건이 가진 어떤 특성을 강조하는 뜻이다. 또 하나는 코빼기, 머리빼기, 악착빼기, 억척빼기, 대갈빼기처럼 얕잡아 보아 속되게 표현하는 뜻이다.

• 반찬 투정을 하던 동생이 밥빼기가 되었다.
• 우리 집 고양이 미미는 얼룩빼기이다.
• 오늘은 친구들이 코빼기도 안 보인다.
• 수진이는 악착빼기라 당할 사람이 없다.

오늘은 음식을 뚝배기에 담아 주는 중국집에서 짜장면 곱빼기로 점심을 먹고 싶다.

---

*나이배기_겉보기보다 나이가 많은 사람을 낮잡아 이르는 말.
*육자배기_팔과 다리를 쭉 뻗고 六(여섯 육) 자처럼 드러눕거나 엎어진 모양.
*포배기_한 것을 자꾸 되풀이하는 일.
*형태소_뜻을 가진 가장 작은 말의 단위. 이를테면 이야기책에서는 '이야기'

와 '책'이 형태소가 되고, 울음소리에서는 '울음'과 '소리'가 형태소가 된다.

*밥빼기_동생이 생긴 뒤에 샘내느라고 밥을 많이 먹는 아이.

*재빼기_재의 맨 꼭대기. 재는 높은 산의 고개를 이른다.

*과녁빼기_외곬으로 똑바로 건너다보이는 곳.

"난이도가 적절한 시험이었어"
"난도가 높은 시험이었어"

난이도
어려움과 쉬움의 정도.

난도
어려움의 정도.

의사가 되고 싶은 주혜는 꿈을 이루기 위해 학습 계획을 세우고 열심히 공부한다. 특히 내신 성적을 잘 관리하기 위해 수행 평가와 지필 고사 준비에 가장 신경을 쏟는다. 그 결과 주혜는 대부분의 과목에서 항상 만점에 가까운 점수를 얻는다. 그런데 며칠 전에 치른 중간고사 수학 시험은 주혜에게 큰 시련을 안겨주었다. 수학 시험에 **고난도** 문제가 많아 여느 때보다 어려웠기 때문이다.

수학 시험을 망쳤다고 생각한 주혜는 집으로 돌아오자마자 책가방을 아무렇게나 집어 던지고는 교복을 입은 채 침대에 엎드려 엉엉 울었다. 깜짝 놀라 우는 이유를 묻는 엄마에게 주혜는 이번 수학 시험은 고난이도 문제가 여럿 출제되어서 제대로 풀 수가 없었다고 하소연하며 선생님을 원망하는 말들을 늘어놓았다.

중학교 수학 교사인 엄마는 주혜의 하소연을 들으며 수학 시험지를 보여 달라고 했다. 엄마는 주혜가 가방에서 꺼낸 수학 시험지를 꼼꼼히 훑어본 뒤 말했다.

"주혜야, 이번 수학 시험은 **난이도**가 고르게 출제되어 문제가 없는데?"

"3번, 7번, 10번, 17번 문제 좀 보세요. 그렇게 고난이도 문제를 내면 우리가 어떻게 푸냐고요. 예?"

엄마의 말을 듣자 어이가 없어 그만 소리를 지르고 만 주혜에게 엄마는 이렇게 차분하게 설명했다.

"음, 주혜가 말한 3번, 7번, 10번, 17번 문제는 다른 문제들에 비해 **난도**가 높은 **고난도** 문제라, 이 말이지?"

"**난도**는 뭐고 **고난도**는 무슨 말인데요. 고난이도 문제라니까요."

"으이구, 우리 주혜에게 **난도**와 **고난도**, **난이도**부터 설명해 줘야겠는걸!"

'난이도'와 '난도'는 비슷한 말 같지만 구분해서 써야 하는 단어이다. **난이도**는 어려움과 쉬움의 정도를, **난도**는 어려운 정도를 의미한다.

그렇다면 평소에 자주 사용하는 '난이도가 높다'는 표현은 맞는 걸까? '난이도가 높다'고 하면 어려운 정도가 높은 건지, 쉬운 정도가 높은 건지 알 수 없기 때문에 '난도가 높다'로 표현해야 맞는다. 이번에는 흔히 듣는 '난이도 상·중·하'라는 표현은 어떨까? '난이도가 높다'와 같은 이유로 잘못된 표현이므로 '난도 상·중·하'가 맞다.

다음 예문으로 어려운 정도와 쉬운 정도 모두를 나타내는 '난이도'와 어려운 정도만 나타내는 '난도'의 적절한 쓰임을 확인하자.

◆ 국어 시험 문제의 난이도를 조정하기가 만만하지 않다.

◆ 1차 고사와 2차 고사의 난이도는 동일하다.

◆ 선생님께서 지난번 수학 시험은 난이도 조절에 실패했다고 하셨다.

◆ 이번에는 난이도 조절을 위해 고난도 문항을 검토했다.

◆ 그 선수는 난도가 높은 기술을 구사해 높은 점수를 받았다.

◆ 고득점자가 많이 나와 다음 시험에서는 난도를 높여야 한다.

주혜는 비록 이번 수학 시험에서 고난도 문제를 잘 풀지 못해 속상하겠지만, '난도'와 '난이도'를 정확하게 알게 되었으니 얻은 게 있는 셈이다.

자, 그럼 '난이도'와 '난도'를 다시 한번 확인해 보자.

☀ **난이도 :** 어려움과 쉬움의 정도.

'난이도가 적당하다', '난이도 조절', '난이도가 다르다'와 같이 쓰는 **난이도는** 어려움과 쉬움을 모두 포함한다.

- ◆ 시험 문제는 난이도에 따라 점수가 달리 배정된다.
- ◆ 난이도가 고른 문제를 출제하기가 어렵다.
- ◆ 난이도에 따라 단계적으로 지도해야 한다.
- ◆ 이 경기의 난이도는 1~5단계가 있다.
- ◆ 그녀는 이번 대회에서 난이도가 다른 동작들을 선보였다.

☀ **난도 :** 어려움의 정도.

'난도가 높은 문제', '고난도 동작', '고난도 기술'과 같이 쓰는 **난도는** 어려움만 포함한다.

- ◆ 그 문제는 난도가 아주 낮아 맞힌 학생이 많다.
- ◆ 우리는 난도가 높은 작업을 거뜬히 해냈다.

- 그는 고난도 기술을 보유하고 있다.
- 스턴트맨의 고난도 액션 연기에 모두가 감탄한다.
- 나는 고난도 동작을 익히려고 피나는 노력을 했다.

어떻게 구분하지?

추돌, 충돌

2015년 2월 11일 인천 영종대교에서 사상 최대의 106중 연쇄 추돌 사고가 발생했다.

음주 운전을 하던 A씨는 앞차와 추돌 사고를 내고 중앙선을 침범해 또다시 충돌 사고를 냈다.

위 두 문장에서 '추돌'과 '충돌'의 의미를 정확하게 구분할 수 있을까? 텔레비전 뉴스를 보면 충돌 사고도 있고 추돌 사고도 있는데, '똑같은 자동차 사고가 아닌가?'라는 생각을 하게 된다. 하지만 '추돌'과 '충돌'은 엄연히 서로 다른 의미를 가진다. 둘 다 무엇과 무엇이 부딪히는 것을 뜻하지만, 방향성에 차이가 있다. 따라서 추돌과 충돌은 부딪치는 방향에 따라 구별해야 한다.

'추돌'은 자동차나 기차 따위가 뒤에서 들이받는다는 의미이다. 즉 두 대 이상의 자동차나 기차 따위가 같은 방향으로 달리는 중에 뒤에서 달리던 차가 앞 차량을 들이받으면 '추돌 사고'라고 한다. 뒤에서 들이받은 차는 '추돌 차'이고 잇달아 들이받아 일어나는 3중 추돌 사고, 5중 추돌 사고는 '연쇄 추돌 사고'이다. **추돌**은 뒤에서 받는다는 조건을 기억해 두어야 한다.

- 뒤차가 앞차를 들이받는 추돌 사고가 났다.
- 건널목에서 고장으로 급정거한 열차를 뒤따라오던 열차가 추돌했다.

'충돌'은 두 사물이 서로 맞부딪치거나 맞선다는 의미이다. 서로 다른 방향으로 달리는 자동차나 기차 등이 부딪치는 것을 말한다. 여기에서 포인트는 **충돌**은 진행 방향이 서로 다르다는 점이다. 이를테면 남쪽으로 가는 차와 북쪽으로 달리는 차가 부딪치는 경우로, '정면충돌'이나 '맞은편에서 오던 버스와 충돌했다' 등과 같이 표현한다. 또한 **충돌**은 탈것 외에 다른 방향으로 진행 중인 두 물체가 부딪칠 때, 생각이나 입장·힘이 맞설 때도 사용한다는 점을 더불어 알아 두자.

- 트럭과 버스의 충돌로 많은 사상자가 발생했다.
- 시위대와 경찰의 격렬한 충돌로 많은 사람이 다쳤다.
- 소행성이 지구와 충돌하면 엄청난 재앙이 일어날 수 있다.
- 부자간에 의견 충돌로 다투다.

"드라마 첫 출연이 주인공이네"
"갑자기 출현한 곰 때문에 놀랐어"

출연
연기나 공연, 연설 따위를
하기 위해 무대에 나감.

출현
나타나거나 나타나서 보임.

    배우 지망생 정우는 지난 주말 친구들과 놀이공원에 갔다가
○○엔터테인먼트 실장으로부터 길거리 캐스팅을 받고 운 좋게
뮤직비디오 촬영까지 하게 되었다. 처음 뮤직비디오 출연 제의
를 받았을 때 정우는 자신이 꿈꾸던 배우가 될 수 있다는 기대에
밤잠까지 설치며 평소보다 더 열심히 연기 연습을 했다.
    그런데 엔터테인먼트로부터 뮤직비디오에 함께 **출연**하는 출

연진과 뮤직비디오 내용을 듣고 고민 중이다. 왜냐하면 뮤직비디오의 내용과 콘셉트가 마음에 들지 않기 때문이다. 정우를 제외한 **출연진** 대부분이 동물 가면을 쓰고 나오는 데다, 숲속을 헤매는 정우 앞에 동물들이 차례로 불시에 **출현**하면 정우는 그때마다 깜짝 놀라는 연기를 해야 한다. 정우는 자신의 첫 **출연** 작품으로 과연 이 뮤직비디오를 선택해야 할지 내키지 않았다.

정우가 뮤직비디오 **출연**을 계속 고민하며 망설이자 정우의 '배우의 꿈'을 응원하는 반 친구들이 모여 깜짝 이벤트를 준비했다. 바로 반 친구들이 뮤직비디오에 나오는 동물들과 비슷한 옷을 입고 하나둘 정우 앞에 **출현**하여 뮤직비디오 상황을 미리 경험하도록 한 것이다.

갑자기 교실 앞문이 열리더니 자기 자리에 앉아 있는 정우 앞에 검은색 곰 한 마리가 큰 소리를 내며 **출현**했다. 느닷없는 곰의 **출현**에 정우는 놀란 나머지 책상과 함께 넘어질 뻔했다. 그런데 곰에 이어 호랑이와 사자 옷을 입은 친구들이 차례차례 **출현**하여 우스꽝스러운 포즈를 취하자, 정우는 비로소 긴장을 풀고 웃음을 터뜨렸다. 깜짝 이벤트 이후 정우는 친구들의 응원에 힘입어 뮤직비디오 **출연**을 결심했다.

이쯤 되면 '출연'과 '출현'의 의미와 쓰임에 어느 정도 짐작이 갈 것이다.

‘출연’과 ‘출현’의 의미를 알아차린 여러분은 친구들의 응원과 격려에 꿈을 향한 첫 발자국이 될 뮤직비디오 출연을 결정한 정우에게 박수를 보내면 좋겠다.

자, 그럼 ‘출연’과 ‘출현’의 의미를 확인해 보자.

출연 : 연기나 공연, 연설 따위를 하기 위해 무대에 나감.

‘그의 연기 생활은 연극 출연으로 시작되다’, ‘아이돌의 출연으로 화제를 모으다’와 같이 **출연**은 연기뿐 아니라 노래, 춤, 연설 등 어떤 목적을 갖고 무대에 등장하는 것을 의미한다.

- 그는 사극 드라마 출연 제의를 받고 뛸 듯이 기뻤다.
- 그 배우의 출연만으로도 관객이 모인다.
- 강연자가 무대에 출연하자 우레와 같은 박수가 터졌다.
- 그 연극은 여자 배우만 출연한다.
- 이번 미니시리즈에 상상을 초월하는 출연진이 나온대.

출현 : 나타나거나 나타나서 보임.

‘인류의 출현’, ‘도로에 멧돼지가 출현하다’와 같이 **출현**은 아무런 예고 없이 인물, 사물, 현상 등이 나타나는 것을 의미한다.

- 등산하는 중에 갑작스러운 멧돼지의 출현으로 위험했다.

◆ 고속도로에서 고라니의 출현으로 교통사고가 날 뻔하다.

◆ 하얀 소복을 입은 여인이 출현해 다리에 힘이 풀려 주저앉았다.

◆ 은행에 괴한이 출현하여 모두가 혼비백산하다.

◆ 서울 상공에 정체 모를 비행 물체가 출현했다.

결제, 결재

말로 할 때는 괜찮은데 막상 글씨로 쓰려면 유난히 헷갈리는 단어들이 있다. '결제'와 '결재'가 그중 하나이다. 그 까닭은 발음이 거의 같기 때문이다. 이렇게 발음까지 같은 단어는 뜻과 쓰임새를 제대로 알고 있어야 틀리지 않고 바르게 사용할 수 있다.

두 단어의 사전적 의미를 보면 '결제'는 증권 또는 대금을 주고받아 매매 당사자 사이의 거래 관계를 끝맺는 일을 가리키고, '결재'는 결정할 권한이 있는 상관이 부하가 제출한 안건을 검토하여 허가하거나 승인하는 것을 가리킨다.

동생 : 언니, 나 인터넷 쇼핑몰에 운동화 골라 놨는데 결제 좀 해 줄 수
　　　 있어?

언니 : 알았어. 회사 서류 결재 하나만 올리고 해 줄게.

위의 대화에서 알 수 있듯이 **결제**는 '**카드로 결제하다**', '**현금으로 결제하다**' 등 금전적 거래에서 **주로 사용**하며, 거래를 완성하는 상황에서 사용하는 말이라고 기억하면 된다. 반면 **결재**는 **결정권자에게 계획서나 보고서 등을 승인 또는 허락해 달라고 요청할 때, 서류에 사인이나 도장을 받을 때 사용**하는 말로 직장 생활에서 가장 많이 쓰이는 말이라고 기억하면 된다. 그럼 '결제'와 '결재'를 다시 한번 확인하자.

- 통장에서 휴대폰 요금이 결제되었다.
- 물건값 결제 부탁드립니다.
- 요즘은 해외에서 카드 결제가 되었다는 스미싱 문자가 날아든다.

- 부장님이 계획서를 결재하셨다.
- 결재 서류가 너무 많아 피곤하다.
- 행사에 쓰인 비용의 결제를 결재받아 처리했다.

"전통 한식을 맛보다"
"정통 한식을 맛보다"

전통
계통을 이루며 전하여 내려오는
사상·관습·행동 따위의 양식.

정통
바른 계통.

유진이는 국어 시간에 글자 모양이 비슷하거나 발음이 비슷해서 종종 잘못 쓰는 단어들을 배우며 매우 흥미로웠다. 물론 한글을 창제한 세종 대왕과 집현전 학자들의 위대함을 새삼 깨달았다.

수업이 끝날 즈음 국어 선생님께서 과제를 내셨다. 비슷한 두 낱말의 쓰임새를 착각하여 일상생활 속에서 잘못 사용하는 사례를 조사하여 발표 수업을 진행해 보자는 말씀이었다. 유진이는 얼마 전 할아버지 생신을 맞아 프랜차이즈 한식당에 갔다가 보았던 **전통**과 **정통** 두 단어를 떠올렸다.

유진이는 지금껏 식당 간판에 쓰인 "30년 **전통**의 원조 부대찌개", "할머니 손맛의 **정통**을 그대로 담다"와 같은 문구를 보면서 **전통**과 **정통**을 의미가 같은 두 단어로 생각했다. 그런데 두 단어는 같은 듯하면서 다른 의미를 가졌다는 사실을 과제를 하며 알게 되었다.

'전통'과 '정통'은 받침만 다를 뿐 아니라 뜻에도 차이가 있으므로 알맞은 자리에 알맞게 사용해야 한다. 그렇다면 어떻게 구분할 수 있을까? 두 단어 모두 한자어이므로 한자의 뜻을 알면 의미의 차이를 이해하기 쉬워 잊어버리지 않고 정확하게 쓸 수 있다.

전통(傳統)은 전할 전(傳)과 거느릴 통(統)이 합쳐진 한자어이다. 여기에서 거느릴 통(統)은 계통의 의미를 지니므로 '계통을 전한다'는 의미가 된다. 여기에서 사전적 의미를 보면, '전통'은 어떤 공동체에서 오래전에 만들어져 전해 내려오는 사상이나 관습, 행동 양식을 말한다. '전통 의상', '전통 음식', '전통 예술', '전통 가옥'과 같은 예를 보면 알 수 있듯 **전통**은 예부터 전해 오는 문화에 관련된 말로 생각하면 된다.

정통(正統)은 바를 정(正)과 거느릴 통(統)이 합쳐진 한자어로, 한자 뜻 그대로 '바른 계통'이라는 의미이다. **정통**은 가장 바르게 내려오는 근본적인 계통을 뜻한다고 알아 두면 어렵지 않다.

그럼 '정통'이 붙을 수 있는 말에는 어떤 것들이 있을까? 우선 바른 계통, 제대로 된 계통을 의미하는 '정통 요리', '정통 음악'이 있다. 또 본처에게서 태어난 맏아들과 맏손자의 혈통을 의미하는 '정통 왕조', '정통 후계자'가 있으며 권력이나 계통의 자격 또는 근거를 뜻하는 '정통성'이라는 단어가 된다.

한 가지 더 추가하면 '정통'에 조사 '-으로'를 붙여 '정통으로 맞다', '정통으로 과녁을 맞히다'와 같이 쓰면 '빗나가지 않고 바로'라는 의미가 있다.

그럼 요즘 흔히 보는 퓨전 한식, 계량 한복은 전통과 정통 중 어느 것을 붙여야 맞을까? 둘 다 '전통 음식', '전통 의상'이라고 부를 수 있지만 '정통 음식', '정통 의상'이라고는 부를 수 없다. 말로 설명하기는 어려워도 어렴풋하게 이해가 갈 것이다.

이를테면 요즘은 예전에 우리 어머니들이 담그던 방식이 아니라 김치, 고추장을 간편하게 담그는 방법이 많이 소개되고 있다. 이렇게 간편하게 만들어도 우리나라 전통 음식임에는 변함이 없다. 또 제사나 차례는 예전에 비해 간소하게 지내지만 전통 의식이다. 하지만 '정통'을 붙일 수는 없다. 즉 **전통**은 예부터 전해 오는 형식이나 방법 따위는 달라져도 그 안에 담긴 가치를 중시하는 반면, **정통**은 '바른 계통' 다시 말해 변형 없이 전해지는 방식을 그대로 지키는 것을 중시한다.

한 번 더 생각해 보자. 몇 년 전 한국을 알리는 홍보 영상으로 인기를 끈 〈범 내려온다〉가 있다. 영상 속 〈범 내려온다〉는 우리나라 전통 음악일까, 정통 음악일까? 판소리 〈수궁가〉에 나오는 대목을 현대식으로 재해석한 것이어도 우리나라 전통 음악이지만, 정통 음악이라고는 할 수 없다.

이제 거리를 걷다가 보는 '전통 한식', '정통 한식'이라고 쓰인 간판의 뜻을 알 수 있으리라 믿는다. 전통 한식은 다른 나라 음식의 요소가 들어갔든 요리법이 달라졌든 예부터 내려오는 우리나라 음식이라는 의미이고, 정통 한식은 다른 나라 음식의 요소가 들어가지 않고 고유의 요리법으로 조리한 우리나라만의 음식이라는 의미다.

이번 과제를 하면서 '전통'과 '정통'을 확실하게 이해한 유진이는 앞으로는 혼동해서 잘못 사용하지 않을 자신이 생겼다.

자, 그럼 '전통'과 '정통'을 다시 한번 확인해 보자.

☀ **전통** : 어떤 집단이나 공동체에서, 지난 시대에 이미 이루어져 계통을 이루며 전하여 내려오는 사상·관습·행동 따위의 양식.

'전통 민요', '전통 음악', '전통 한복'과 같이 **전통**은 오래전에 만들어져 전해 내려오는 문화와 가치에 관련된 말이다. 예문으로 확인해 보자.

- ◆ 줄다리기는 우리나라 전통 놀이이다.
- ◆ 언니는 전통 민요를 계승하는 사람이다.
- ◆ 경복궁 주위에서는 우리나라 전통 의상을 입은 외국인을 볼 수 있다.
- ◆ 자치 활동 강화는 우리 학교 전통이다.
- ◆ 우리 아빠는 우리나라 전통 음식을 좋아하신다.

☀ **정통 :** 바른 계통.

　　　　　조금도 어긋남 없이.

'정통한 소식통', '정통 액션', '정통 혈통'과 같이 **정통**은 변형 없이 바르고 제대로 된 계통을 말한다.

- ◆ 태국 정통 음식을 현지에서 맛보았다.
- ◆ 그는 판소리계의 정통 계보를 잇는 인물이다.
- ◆ 이번에 정통 세단을 선보였다.
- ◆ 황태자는 영국 왕실의 정통성을 잇고 있다.
- ◆ 선생님과 복도에서 정통으로 부딪쳤다.

부분, 부문

연말이면 열리는 방송사 시상식 또는 영화제 시상식에서 수상자를 발표하는 사회자나 시상자는 "미니시리즈 부문 올해 최우수 남자 연기상은 ○○○ 씨가 수상하겠습니다", "올해 대종상 신인상 부문 수상자는 △△△ 군입니다"라고 소개한다. 그런데 간혹 발표하는 사람에 따라 '부분'으로 말할 때가 있다.

그럼 '부분'과 '부문'은 어떻게 다를까?

쉽게 말하면 **부분**은 전체 중 일부를 가리킨다. 문 윗부분과 아랫부분, 페인트를 칠한 부분과 칠하지 않은 부분 같은 표현을 보면 '부문'과 어떻게 다른지 어렴풋하게 감이 올 것이다.

한편 **부문은 어떤 것의 종류를 나누어 놓은 갈래, 즉 일정한 기준에 따라 분류하거나 나누어 놓은 범위**이다. '분야'와 비슷한 말로 이해해도 좋다. 이를테면 문학은 시 부문·소설 부문·수필 부문·희곡 부문으로 나뉘며, 노벨상에는 물리학 부문·화학 부문·생리학 및 의학 부문·문학 부문·평화 부문·경제학 부문이 있다.

예문으로 정확한 뜻과 차이를 익혀 두자.

- **부분**이 전체를 대변할 때도 있다.
- 사과의 썩은 **부분**을 도려내고 먹는다.
- 행사를 세 **부분**으로 나누어 진행한다.

- 우리 회사는 반도체 **부문**에서 우위를 차지하고 있다.
- 그 작품은 촬영 **부문**에서 우수상을 받았다.
- 인문·사회 **부문**과 자연·과학 **부문** 중에서 진로를 택해야 한다.

"기간 연장을 하다"
"기한 연기를 하다"

 연장
시간이나 거리 따위를 본래보다
길게 늘림.

연기
정해진 기한을 뒤로 물려서
늘림.

　'연장'과 '연기'는 구분하기 어렵지 않은 단어라고 생각하지만 의외로 상황에 맞게 적절히 사용하기가 만만치 않다. 연장(延長)에서 연(延)은 '늘리다'라는 뜻이고, 장(長)은 '길다'는 뜻이다. 따라서 시간이나 거리 등 무엇인가를 본래보다 길게 하는 것을 우리는 '연장'이라고 말한다. 반면 연기(延期)는 '늘리다'라는 연(延)에 '기약한다'는 뜻의 기(期)가 합쳐져 '정해 놓은 기한을 나중으로 미루어 기약함'을 뜻한다.

한자로 만들어진 단어는 한자의 뜻을 알면 쉽게 이해할 수 있으나, 요즘은 교과서와 신문·인터넷 매체에서도 한글 전용으로 표기하기 때문에 한자를 일일이 찾아보지 않는 한 단어의 뜻을 한눈에 알기는 어렵다.

그럼 일상생활에서의 단어 사용 예를 바탕으로 '연장'과 '연기'를 확실하게 익혀 보자.

학교에 등교하며 혜수는 현관 입구 유리문에 붙은 수학 동아리의 신학기 동아리원 모집 공고를 보았다.

'어, 동아리 모집 기간은 지난 금요일인 3월 20일까지였는데?'라고 생각하며 혜수가 공고 앞에 섰다.

"혜수야, 동아리 모집 기간이 **연기**되었어?"

어느새 혜수 옆으로 다가온 같은 반 친구 승철이가 눈은 공고문에 둔 채 혜수에게 물었다. 승철이의 말을 들으며 혜수는 모집 공고문 내용을 꼼꼼히 읽었다. 자세히 보니 공고문 하단에 수학 동아리 모집 기한이 일주일 **연장**되었다는 문구가 적혀 있었다. 수학 동아리 신청자가 적어 기한을 **연장**해 추가로 동아리원을 모집한다는 내용이었다.

"승철아, 잘 봐. 모집 기간 **연기**가 아니라 **연장**이래."

"**연기**나 **연장**이나 그게 그거지. 같은 말 아냐?"

승철이는 대수롭지 않다는 듯 너스레를 떨며 혜수 가방을 툭 치고 계단을 올라갔다. 혜수는 승철이의 뒷모습을 바라보며 아직도 **연기**와 **연장**의 뜻을 구분하지 못하는 게 이해되지 않았지만, 교실로 가면 승철이에게 정확하게 설명해 줘야겠다고 생각했다.

그리고 수학 동아리 모집 기한 **연장** 공고문을 다시 한번 바라보며 **연장**의 의미를 마음속에 새겼다. 그리고 **연장**의 반대말이 '단축'이라는 사실도 알려 주는 게 좋겠다고 생각하며 교실로 향했다.

수현이는 지난주 이틀은 감기로 고생하느라, 또 주말에는 할아버지 칠순 잔치에 다녀오느라 영어 선생님께서 낸 과제를 끝내지 못했다. 내일이 영어 과제 제출 마감일인데 오늘 남은 시간을 다 투자한다 해도 5쪽 분량의 영작과 2쪽 분량의 에세이 쓰기를 끝내는 것은 불가능하다는 생각이 들었다.

수현이는 천재지변이라도 일어나 과제 제출일이 **연기**되면 좋겠다고 생각했다. 그리고 '감기로 아프지만 않았더라면……. 할아버지 칠순 잔치에 가지 않았더라면 과제 제출 기일을 맞추기가 어렵지 않았을 텐데……' 하는 마음이 들며 머리가 지끈지끈 아팠다.

그렇다고 과제를 못 내거나 제출 기일을 어기는 것은 평소 책

재밌어서 밤새 읽는
맞춤법 이야기

164

임감 강하고 성실한 수현이에게는 있을 수 없는 일이다. 걱정만 한다고 해결되지 않는다고 판단한 수현이는 조심스럽게 영어 선생님께 문자 메시지를 드렸다. 사정을 말씀드리고 과제 제출일을 이틀만 **연기**해 주실 수 있는지 여쭈었다. 선생님께서는 수현이의 사정을 이해하고 흔쾌히 제출 기일을 **연기**해 주셨다. 그렇게 수현이는 이틀을 **연장**받아 열심히 한 덕분에 과제를 제출할 수 있었다.

'연장'과 '연기'의 의미를 어느 정도 이해했다면 다음 문장에서 어느 것이 맞는지 골라 보자.

백화점 할인 기간을 일주일 늘린다. → ① 백화점 할인 기간 <u>연기</u>
　　　　　　　　　　　　　　　　　② 백화점 할인 기간 <u>연장</u>
백화점 할인 기간을 일주일 미루다. → ① 백화점 할인 기간 <u>연기</u>
　　　　　　　　　　　　　　　　　② 백화점 할인 기간 <u>연장</u>

위의 '일주일 늘리다'에서는 '② 백화점 할인 기간 연장'이 맞고, 아래의 '일주일 미루다'에서는 '① 백화점 할인 기간 연기'가 맞다. **연장**은 '늘리다'이고, **연기**는 '미루다'라는 요점을 기억해 두면 헷갈리지 않고 자신 있게 쓸 수 있을 것이다. 덧붙이자면 **연장**의 반대말은 '단축'이고, **연기**의 반대말은 '앞당김'이다.

자, 그럼 '연장'과 '연기'를 다시 한번 확인해 보자.

☀ **연장** : 시간이나 거리 따위를 길게 늘림.

'연장'이 옳을지, '연기'가 옳을지 망설여질 때는 '늘리다'를 넣어 보아 문맥이 자연스러우면 '연장'을 써야 한다. 예를 들어 '시험 시간을 늘리다', '계약 기간을 늘리다'가 어색하지 않으므로 '시험 시간 연장', '계약 기간 연장'이 된다. 다음 예문을 더 보자.

- ◆ 수업 시간 연장이 결정되다.
- ◆ 축제 기간 연장으로 신이 나다.
- ◆ 의학의 발달은 인간 생명의 연장을 가져왔다.
- ◆ 마을버스 운행 시간을 연장하기로 했다.
- ◆ 사회적 거리 두기가 무기한 연장되었다.

☀ **연기** : 정해진 기한을 뒤로 물려서 늘림.

연기는 정해진 기한을 나중으로 미루거나 늦춘다는 뜻으로 '약속 연기', '개학 연기', '시험 연기'와 같이 쓰이며 '보류', '유예' 등이 비슷한 말이다.

- ◆ 합격자 발표 연기로 맥이 빠지다.
- ◆ 건강 검진일 연기가 가능한지 문의하다.

◆ 교실 공사로 개학 날짜 연기 알림이 오다.

◆ 야구 경기가 연기되어 속상하다.

◆ 비가 와서 축제가 연기되었다.

어떻게
구분하지?

알갱이, 알맹이

한국 전쟁이 배경인 〈웰컴 투 동막골〉이라는 오래전 영화가 있다. 이 영화에서 기억에 남는 장면은, 수류탄이 데굴데굴 굴러가 창고에서 터지면서 보관되어 있는 옥수수가 팝콘이 되어 사방으로 튀고 하늘에서 눈처럼 내려오던 장면이다.

이때 옥수수 알갱이가 터진다고 할까, 옥수수 알맹이가 터진다고 할까? 또 구운 밤껍질을 벗기면 나오는 노랗고 달착지근한 것은 밤 알맹이일까, 밤 알갱이일까?

자신 있게 답하기가 까다로울 뿐 아니라 구분해서 써야 한다는 사실 자체를 모르는 단어가 '알갱이'와 '알맹이'이다.

'알갱이'와 '알맹이'는 얼핏 보면 같은 뜻일 것 같지만 의미가 뚜렷이 다른 단어이다. 알갱이는 열매나 곡식의 낱알, 작고 동그랗고 단단한 물질을 뜻하고 알맹이는 물건의 껍데기나 껍질을 벗기고 남은

속 부분, 사물의 핵심이 되는 중요한 부분을 뜻한다.

그럼 예문으로 '알갱이'와 '알맹이'를 구분해 보자.

- 보리 알갱이가 들어 있는 티백을 샀다.
- 찰옥수수 알갱이를 하나씩 떼어먹는다.
- 물속에 모래 알갱이가 가라앉아 있다.
- 고양이 사료로 알갱이가 작은 것을 선택했다.

- 포도는 껍질은 뱉고 알맹이만 먹는다.
- 호두 알맹이는 사람의 뇌와 모양이 비슷하다고 한다.
- 다람쥐가 도토리를 까서 알맹이를 먹는다.
- 그 사람이 하는 말은 도무지 알맹이가 없다.

"축제가 한창이다"
"축제는 한참 남았다"

한창
어떤 일이 가장 활기 있고
왕성하게 일어나는 때.

한참
시간이 상당히 지나는 동안.

'한창'과 '한참'은 완전히 다른 뜻을 가졌다. 하지만 ㅇ과 ㅁ 받침만 다를 뿐 철자가 비슷하고, 똑똑히 발음하지 않으면 비슷하게 들리며, 명사와 부사라는 두 가지 역할을 갖고 있다는 점 등이 닮았다.

간단하게 요약하자면 **한창**은 왕성한 시기를 가리킬 때 사용하고, **한참**은 시간이 많이 지나는 사이를 가리킬 때 사용한다.

다음 이야기를 보자.

대한고등학교에서는 축제가 **한참** 진행되고 있었다. 무대 위에서 반 대표들이 출연한 여장 남자 코너가 진행되고 있는데 갑자기 정전이 되었다. 강당은 깜깜한 암흑에 휩싸이고 아이들은 괴성을 지르는 가운데 콘서트와 여장 남자 코너로 **한창** 무르익던 축제는 순식간에 아수라장으로 바뀌었다.

대한고등학교는 남학교라 **한창** 혈기 왕성한 나이의 남학생들이 서로 몸을 부딪히는 바람에 작은 타박상을 입는 사고가 일어났다. 하지만 선생님들의 지도로 진행을 맡은 학생회 임원들이 박수를 치며 큰 목소리로 학생들의 주목을 끌어 전기가 들어올 때까지 자기 자리에서 움직이지 말고 어둠 속에서 가만히 있도록 당부했다.

한참을 우왕좌왕하며 어쩔 줄 몰라 하던 학생들은 이내 학생회 임원들의 목소리에 귀 기울이며 차분하게 지시에 따라 안정된 분위기를 되찾을 수 있었다. 물론 학교 전체에 정전이 지속된 30분 동안 학생들은 어두운 강당에 갇혀 다소 무섭고 긴장된 시간을 보냈다.

그런데 술렁술렁 어수선한 속에서 선생님 한 분이 노래를 부르기 시작하자 학생들이 따라 불렀고, 그 선생님의 노래가 끝나자 이어서 다른 선생님께서 노래를 불렀다. 그렇게 한 명씩 돌아가며 릴레이로 노래를 불렀다. 정전으로 가라앉은 **한창**이던 축제 분위기가 또 다른 느낌으로 되살아난 그날의 이야기는 **한참** 동안이나 학생들 사이에서 화제가 되었다.

학생 회장 영준이는 그날의 일을 기억하며 이렇게 소감을 전했다.

"사실 축제 분위기가 **한창** 절정에 달한 때라 진행하던 학생회 임원들은 갑작스러운 정전에 정말 당황했습니다. 그리고 정전 상태가 **한참**이나 계속되어 축제를 완전히 망쳤구나 싶었죠. 그런데 학생회 담당 선생님께서 저희에게 차례대로 박수를 치고 목소리를 높여 학생들의 주의를 집중시키자고 제안하셨습니다. 예고도 없던 정전에 **한창** 혼란에 빠져 있었기 때문에 어떻게 학생들을 진정시키고 차분한 분위기를 잡을 수 있을까 걱정했는데, 의외로 학생들이 저희 목소리에 귀 기울이고 잘 따라주어서 큰 사고 없이 축제를 마무리할 수 있었습니다."

이제 '한창'과 '한참'의 뜻을 어느 정도는 이해했을 것이다. 좀 더 자세하게 알아보자.

한창은 명사로 쓰이는 경우에는 어떤 일이 가장 활기 있고 왕성하게 일어나는 때나 어떤 상태가 가장 무르익은 때를 가리킨다. '앞산에 진달래가 한창이다', '즐거운 분위기가 한창이다', '농촌에는 모내기 준비가 한창이다'처럼 쓰인다. 그리고 활기 있고 왕성하게 일어나거나 무르익은 모양을 나타내는 부사로도 쓰인다. '오빠는 한창 연애하는 중이다'나 '벚꽃 축제가 한창 진행되고 있다', '점심시간이라 한창 붐빌 때다'가 그 예이다.

어른들이 젊은이를 보면 "한창때구나"라는 말을 자주 하는데, 이 말은 '한창'과 '때'가 합쳐진 말로 '기운이나 의욕 따위가 가장 왕성한 때'라는 뜻으로 '전성기', '황금기'와 같은 말이다. '그 가수는 한창때 요절했다', '그는 한창때 큰돈을 벌었다'처럼 쓰인다.

한참 역시 명사와 부사로 쓰인다. '한참 동안 말다툼을 벌이다', '한참 뒤 떠났다', '한참을 걸어 목적지에 도착하다'는 시간이 상당히 지나는 동안을 뜻하는 명사로 사용된 예이다.

부사로서의 '한참'은 두 가지 뜻을 갖는다. 하나는 '바다를 한참 바라보았다'나 '한참 싸우다가 헤어졌다'와 같이 '어떤 일이 상당히 오래 일어나는 모양'을 나타낸다. 다른 하나는 '숙제가 아직 한참 남았다'나 '나보다 한참 높은 직책을 가진 친구 앞에서는 주눅이 든다'와 같이 '수효나 분량, 정도 따위가 일정한 기준보다 훨씬 넓게'라는 뜻이다.

자, 그럼 '한창'과 '한참'을 다시 한번 확인해 보자.

☀ **한창 :** 어떤 일이 가장 활기 있고 왕성하게 일어나는 때(명사).
어떤 상태가 가장 무르익은 때(명사).

어떤 일이 가장 활기 있고 왕성하게 일어나는 모양
(부사).

어떤 상태가 가장 무르익은 모양(부사).

'한창'은 위와 같은 뜻으로 명사와 부사로 사용되며 '절정기'
가 비슷한 말이고 영어 단어 중 '피크(peak)'과 같은 뜻이다. 그
러므로 '지금 한창 피크다'라는 말은 '역전 앞'('역 앞'이 바르다),
'가사일'('집안일' 또는 '가사'가 바르다)처럼 뜻이 중복되는 표현이
라는 것도 이참에 알아 두면 좋겠다.

- ◆ 여의도에서는 벚꽃 축제가 한창이다.
- ◆ 그는 자신이 한창이던 때를 추억했다.
- ◆ 그 애는 체육대회 준비가 한창일 때 전학 왔다.
- ◆ 한창 젊은 나이라 혈기 왕성하다.
- ◆ 한창 모내기를 하던 중에 비가 내렸다.

☀ **한참** : 시간이 상당히 지나는 동안(명사).

어떤 일이 상당히 오래 일어나는 모양(부사).

수효나 분량, 정도 따위가 기준보다 훨씬 넘게(부사).

'한참'은 명사와 부사로 사용되며 비슷한 말로는 '오랫동안'이
있다.

◆ 번개가 치고 한참이 지나자 폭우가 쏟아졌다.

◆ 아무 생각 없이 한참을 걸었다.

◆ 나는 짝꿍과 한참 수다를 떨다 집에 갔다.

◆ 밥을 먹은 지 한참 지나서 배가 고프다.

◆ 그는 생각지 못하게 한참 높은 사람이 되었다.

홀몸, 홑몸

'홑몸'이라고 하면 홀몸을 잘못 쓰거나 잘못 말한 것이라고 생각할지도 모르겠다. 그리고 들어 본 적이 있다 하더라도 홀몸과 같은 뜻을 가진 단어로 아는 사람이 있을 것이다. '홀몸'과 '홑몸'은 뜻을 안다 해도 어떤 상황에 사용하는지 모호한 부분이 있어 알맞은 자리에 제대로 쓰기가 어렵다.

다음 예문에 쓰인 '홀몸'과 '홑몸'은 맞는 표현일까? 스스로 점검해 보자.

우리 큰아버지는 홀몸이라 명절을 홀로 쓸쓸히 보내신다.
이모는 임신을 하셔서 이제 홑몸이 아니다.

큰아버지가 아내와 자식을 잃고 홀로된 것 같으니 첫 번째 문장은 '홀몸'이 아니라 '홑몸'이라고 해야 하지 않을까? 또 보통 임신한 여자에게 홀몸이 아니라고 말하는 것을 들어 보았으니 두 번째 문장은 '홑몸'이 아니라 '홀몸'을 써야 맞지 않을까?

그러나 이러한 생각과는 다르게 **위 두 문장은 모두 맞게 쓰였다.** 그렇다면 이제까지 임신한 여성을 가리켜 '홀몸이 아니다'라고 한 표현은 잘못이라는 말인데, 대체 어떻게 된 걸까?

'홀몸'은 배우자나 형제가 없는 사람을 가리키는 말이다. 말하자면 결혼하지 않았거나 결혼했지만 사별이나 이별 등으로 **배우자가 없**

는 사람, 피붙이 없이 혼자인 사람을 가리켜 홀몸이라고 한다. '혈혈단신'이라는 말을 들어 보았을 것이다. 의지할 곳 하나 없는 외로운 사람을 의미하는 말이다. 말하자면 **가족은 물론 친척, 친구도 없이 외로운 사람이 혈혈단신 또는 홀몸**이다.

홑몸은 딸린 사람이 없는 혼자의 몸이나 아이를 배지 아니한 몸을 가리키는 말이다. 딸린 사람이 없다는 말은 가족이나 돌봐주는 사람, 함께 사는 사람이 없다는 뜻이다. 그렇다면 **'혼자인 사람'을 가리킬 때는 홀몸과 홑몸을 모두 쓸 수 있다는 결론이 된다. 다만 임신과 관련하여서는 '홑몸이 아니다'로 써야 한다.**

예문으로 확인해 보자.

- 그는 사고로 아내를 잃고 홀몸 / 홑몸이 되었다.
- 나는 부모도 형제도 없는 홀몸 / 홑몸이다.
- 어머니는 홀몸으로 자식들을 키우며 힘든 세월을 사셨다.

- 아내는 홑몸이 아니어서 장거리 여행을 할 수 없다.
- 그는 교통사고로 가족을 모두 잃고 홑몸 / 홀몸이 되었다.
- 배가 나왔건 안 나왔건 홑몸이 아닌 임산부는 누구나 배려석에 앉을 수 있다.

귀때기·귓대기, 도떼기시장·돗데기시장

'귀때기'와 '귓대기', '도떼기시장'과 '돗데기시장'을 보면 순간 어떤 게 맞는지 자신이 없어진다. 우선 다음 두 문장 중 어느 게 맞을까?

귀때기가 너무 아파.
귓대기가 너무 아파.

정답은 **귀때기**이다. **귀때기**는 **귀를 속되게 이르는 말**로 '-때기'가 붙으면 '이불때기', '배때기', '볼때기'처럼 비하하는 말이 된다. '귀때기'와 '귓대기'가 헷갈리는 까닭은 예전에는 낮잡아 보고 속되게 표현하는 접미사로 '–대기'와 '–때기'가 둘 다 쓰였는데, 현재는 '–때기'로 통일해서 쓰기 때문이다. 여전히 **'–대기'를 붙이는 낱말은 '상판대기', '낯바대기', '면싸대기', '얼굴바대기'**뿐이다.

- 어찌나 춥던지 **귀때기**가 떨어지는 줄 알았다.
- **귀때기**가 떨어졌으면 이다음 와 찾지.*
- **귀때기**가 새파란 놈이 시건방지게 군다.

그럼 이번에는 다음 두 문장 중 어느 게 맞을까?

도떼기시장같이 혼잡하네.
돗데기시장같이 혼잡하네.

정답은 도떼기시장이다. 국어사전에 실린 도떼기시장의 의미는 '상품, 중고품, 고물 따위 여러 종류의 물건을 도소매,* 방매,* 비밀 거래하는 질서가 없고 시끌벅적한 비정상적 시장'이다. 즉 **온갖 물건이 불법 거래 등 온갖 형태로 거래되는 소란스럽고 어지러운 시장**을 이르는 말이다. 비슷한 말 '도깨비시장'을 떠올리면 이해하기 쉬울 것이다.

영화의 무대가 되어 유명해진 부산에 있는 국제시장이 처음으로 도떼기시장으로 불린 곳이라고 한다. 1945년 제2차 세계 대전에서 일본이 패망해 우리나라에 살던 일본인들이 서둘러 본국으로 도망가면서 두고 간 물건 등을 많은 사람이 공터에 모여 사고팔면서 '도떼기시장'이라는 말이 생겨났다.

도떼기시장은 '도거리로 떼다'라는 말에서 유래된 것으로 추정된다. '도거리'는 따로따로 나누지 않고 한데 합쳐 몰아치는 일을 가리키고, '떼다'는 장사를 하려고 한꺼번에 많은 물건을 산다는 뜻이다. 이 '도거리로 떼다'가 줄어들어 도떼기가 되고 여기에 시장이 더해져 '도떼기시장'이 되었다.

- 백화점에 갔더니 세일 기간이라 그런지 도떼기시장이 따로 없다.
- 이곳은 없는 게 없다는 도떼기시장이다.
- 도떼기시장처럼 시끄럽고 어지러워 정신이 없다.

도떼기시장이 어떻게 만들어진 말인지 알았으니 이제는 헷갈리지 않을 것이다.

***귀때기가 떨어졌으면 이다음 와 찾지**_서둘러 떠날 때 하는 말.

***도소매**_도매와 소매를 아우르는 말.

***방매**_물건을 내놓고 파는 일.

글을 쓰다 보면 띄어쓰기가 자신 없어지는 경우가 꽤 있다. 띄어쓰기는 글을 쓸 때 어문 규범에 따라 어떤 말을 앞말과 띄어 쓰는 것을 말한다. 즉 언어를 문자로 나타낼 때 쉽게 구분하기 위해 단어 또는 의미 단위로 간격을 벌리는 표기법이 바로 띄어쓰기이다. 공책이나 원고지에 글을 쓰던 시절에는 띄어쓰기에 신경을 쓰며 글을 썼지만, SNS에 글을 쓰는 것이 익숙해진 요즘에는 빨리 쓰거나 의미만 전달하면 된다는 마음을 앞세워 띄어쓰기에는 신경 쓰지 않거나 아예 무시한 채 글을 쓰는 사람들이 점점 많아지고 있다.

그런데 띄어쓰기는 결코 무시하거나 소홀히 해서는 안 된다. 띄어쓰기를 제대로 하지 않으면 의미가 불분명해지거나 이해하기 어려운 글이 될 수 있기 때문이다. 다음 두 문장을 한 번은 눈으로 읽어 보고, 또 한 번은 평소 말하는 것처럼 소리 내어 읽어 보면 띄어쓰기를 정확하게 해야 하는 이유를 확인할 수 있다.

아버지가 방에 들어가신다.
아버지 가방에 들어가신다.

띄어쓰기를 잘못하면 문장의 뜻을 제대로 전달하지 못한다는 사실을 알 수 있다. 따라서 띄어쓰기를 바르게 해야 읽는 이가 뜻을 분명하게 이해하고 한눈에 알아볼 수도 있다. 그렇다면 어떻게 하면 띄어쓰기를 잘할 수 있을까?

우선 각 단어는 띄어서 쓰는 것이 원칙이라는 점을 기억하자. 그런데 단어에는 단일어,* 합성어,* 파생어*가 있으므로 이를 구분할 줄 알아야 정확한 띄어쓰기가 가능하다. 예를 들어 '하나하나 물어 보다', '하나하나 물어 가다'로 써야 할지 '하나하나 물어보다', '하나하나 물어가다'로 써야 할지 판단해야 한다. '묻다'와 '보다'가 결합하면 한 단어로 인정되는 합성어지만 '묻다'와 '가다'는 각각의 단어라는 점을 알아야 '물어보다', '물어 가다'로 띄어쓰기를 할 수 있다.

이번에는 사용 예와 함께 띄어쓰기 규칙을 좀 더 자세히 알아보자.

'꽃이∨피니∨나비가∨모인다'처럼 낱말과 낱말 사이는 띄어 쓴다. '나는', '이것은', '빵이', '네가', '밥을', '그를'처럼 '은 / 는', '이 / 가', '을 / 를' 등과 같은 말(조사)은 앞말에 붙여 쓴다. '들어가기는커녕', '학교에서만'과 같이 조사 뒤에 조사가 연속해서 붙는 경우에도 모두 앞말에 붙여 쓴다.

'호랑이는 죽어서 가죽을 남기고,∨사람은 죽어서 이름을 남긴다.'처럼 쉼표(,)나 마침표(.) 뒤에 오는 말은 띄어 쓴다. '세∨살', '칠천∨원', '서∨말', '열∨근', '다섯∨마리', '두∨벌', '세∨개', '한∨대', '두∨자루' 등과 같이 수를 헤아리는 말과 단위를 나타내는 말 사이는 띄어 쓴다. 하지만 '10 근', '7,000 원'과 같이 숫자를 쓰면 띄어 써도 되지만 일반적으로 한눈에 쉽게 알아보도록 '10근', '7,000원'처럼 붙여 쓴다.

'김유신', '강감찬', '윤동주', '이빛나리'처럼 이름을 쓸 때에는 성과 이름을 모두 붙여 쓰며 '이순신∨장군', '김지영∨검사', '이말자∨팀장'처럼 이름 뒤에 붙는 관직이나 직책은 띄어 쓴다. '영수∨형', '순이∨누나', '영철∨아저씨'의 '형', '누나', '아저씨'처럼 이름 뒤에 쓰는 부르는 말 역시 띄어 쓴다.

'있는∨대로', '아는∨만큼', '잘할∨뿐만 아니라', '알∨바', '갈∨데'와 같이 의존 명사 '대로', '만큼', '뿐', '바', '데' 등은 앞말과 띄어 쓴다. 하지만 '대로', '만큼', '뿐'이 '법대로', '지식만큼', '공부뿐만 아니라'와 같이 조사로 쓰일 때는 당연히 앞말과 붙여 쓴다. 물론 의존 명사와 조사를 구별해야 하는 문제가 있다. 같은 말이라 하더라도 체언* 뒤에 오면 조사이므로 붙여 쓰고, 관형어(꾸밈말) 뒤에 오면 의존 명사이므로 띄어 쓰면 된다.

'먹어∨두다', '가∨버리다', '할∨만하다', '올∨듯하다'처럼 본용언과 보조 용언이 함께 쓰이는 경우에 보조 용언은 본용언과 띄어 쓰는 것이 원칙이지만 '먹어두다', '가버리다', '할만하다', '올듯하다'처럼 붙여 쓰는 것도 허용된다.

띄어쓰기는 생각보다 쉽지 않다. 띄어쓰기를 정해 놓은 원칙이 있지만, 예외 규정이 있어 어떤 경우에는 붙여 쓰는 것도 '허용'하기 때문에 더욱 어렵다. 예를 들어 '대한 대학교 인문 대학'과 '대한대학교 인문대학'은 둘 다 맞다. 전자가 원칙이지만 후자도 허용되는 것이다. 이러니 헷갈릴 수밖에 없다.

그렇다고 띄어쓰기를 포기할 수는 없다. 문장의 의미를 빠르고 정확하게 전달하기 위해서는 띄어쓰기를 해야 한다. 띄어쓰기를 제대로 하지 않으면 의미를 파악하는 데 시간이 걸리는 데다 의미가 잘못 전달될 수 있다. 그러니 띄어쓰기의 예와 띄어쓰기에 관한 정보를 접할 때마다 잘 읽어 두자. 그리고 띄어쓰기가 헷갈릴 경우에는 사전이나 국립국어원의 어문 규정 등을 적극적으로 이용하여 띄어쓰기에 대한 이해를 높이도록 하자.

---

*단일어_'하늘', '땅', '밥'과 같이 실질 형태소가 하나인 말.

*합성어_'하늘색', '땅값'과 같이 실질 형태소가 둘 이상 결합하여 하나의 단어가 된 말.

*파생어_'하늘거리다', '맨땅'과 같이 실질 형태소에 접미사 또는 접두사가 결합하여 하나의 단어가 된 말.

*체언_문장에서 주어 따위의 기능을 하는 명사, 대명사, 수사를 통틀어 이르는 말. 명사는 어떤 대상이나 사물의 이름을 나타내며, 대명사는 사람이나 사물의 이름을 대신하는 '우리'·'너희'·'그것'·'거기' 등을 가리킨다. 수사는 '하나', '둘'과 같이 사물 또는 사람을 세거나 '첫째', '둘째'와 같이 순서를 나타내는 단어이다.

제3장

헷갈리는 맞춤법 ③
부사 · 조사 외

"반드시 이기고 말 거야"
"허리를 펴고 반듯이 앉아라"

반드시
틀림없이 꼭.

반듯이
작은 물체, 또는 생각, 행동
따위가 비뚤어지지 않고
바르게.

누구나 새해가 되면 계획을 세운다. 어떤 사람은 달력에 가족과 지인의 생일을 표시하며 올해에는 어떻게 축하해 줄까 계획을 세우기도 하고, 어떤 사람은 새 다이어리에 한 해의 계획을 적으며 이번에는 **반드시** 계획대로 실천하리라 다짐하곤 한다.

수지도 매년 12월 말에는 문구점을 찾아 새해에 쓸 다이어리를 구입해 두었다가 12월 31일 재야의 종소리를 들으며 신년 계획을 세운다. 올해는 동생 영지가 언니와 함께 새해 계획을 세우겠다고 실천 계획에 번호를 매겨 가며 다이어리에 쓰고 있다.

영지의 새해 계획을 읽다가 수지는 "풋!" 하고 웃음이 터졌다. 영지가 쓴 계획 내용 때문이었다.

① 반에서 5등 안에 들기 ― 나는 **반듯이** 이룰 것이다.
② 몸무게 5kg 줄이기 ― **반듯이** 몸무게를 줄여 비키니를 입을 것이다.
③ 공부할 때 의자에 **반드시** 앉기 ― 똑바로 앉아 바른 자세가 몸에 배게 할 것이다.

이 세 가지를 비롯해 동생의 계획은 무려 열 가지나 되었는데, **반드시**와 **반듯이**를 모두 잘못 쓰고 있었다. 영지가 왜 웃느냐고 물었다. 수지는 **반드시**와 **반듯이**의 맞춤법이 전부 틀려서 웃는다고 하면 동생의 자존심이 상할까 봐, 영지의 신년 계획 내용이 너무 기특해서 그런다고 얼버무리며 언니 계획을 한번 보겠느냐며 다이어리를 보여 주었다. 수지의 새해 계획은 다음과 같았다.

① 자산 관리에 힘쓰기 ― 매월 ○○만 원 이상 **반드시** 저축하기
② 자격증 따기 ― 회계사 자격증, 사무 자동화 산업 기사 자격증 **반드시** 따기
③ 독서 습관 들이기 ― 매일 독서, 월 3권 이상 좋은 책 **반드시** 읽기

④ 운동 꾸준히 하기 — 주 3회 필라테스로 **반듯한** 자세 만들기

언니의 새해 계획을 읽던 영지는 여기까지 읽다 말고 눈을 들어 수지를 쳐다보았다.

"언니, 그런데 말이야, 언니랑 나랑 **반드시**와 **반듯이**를 좀 다르게 쓴 거 같아. 내가 틀리게 쓴 거야? 아니면 언니가 틀리게 쓴 거야?"

영지의 말이 끝나자마자 수지는 기다렸다는 듯이 영지의 마음이 상하지 않게 **반드시**와 **반듯이**의 차이를 설명해 주었다.

"**반드시**와 **반듯이**는 [반드시]로 발음이 같고, 둘 다 품사도 부사야. 그래서인지 뜻이 다른데도 혼동해서 쓰는 경우가 많지. 그런데 이 두 단어는 반, 드, 시 서로 구별해서 써야 하는 말이야. 언니가 **반드시** 구별해서 써야 한다고 강조한 걸 보면 **반드시**의 뜻은 짐작할 수 있겠지?"

수지는 **반드시**를 한 글자씩 천천히 읽으며 **반듯이**와 다른 의미를 생각했다.

"'꼭'이라는 뜻 아냐?"

"그래 맞아. **반드시**는 '꼭, 틀림없이'라는 뜻이야. 그리고 **반듯이**는 '비뚤어지지 않고 바르게'라는 뜻이야. 형용사 '반듯하다'의 어간 '반듯'에 부사를 만드는 접미사 '-이'가 붙어서 만들어진 거지. '반듯하게'를 기억해 두면 헷갈리지 않을 거야. 그럼 네가

쓴 계획을 바르게 고쳐 써 봐.”

영지는 앞으로 **반드시**와 **반듯이**를 제대로 쓸 수 있겠다고 생각하며 다음과 같이 수정했다.

① 반에서 5등 안에 들기 ― 나는 반듯어 반드시 이룰 것이다.
② 몸무게 5kg 줄이기 ― 반듯어 반드시 몸무게를 줄여 비키니를 입을 것이다.
③ 공부할 때 의자에 반드시 반듯이 앉기 ― 똑바로 앉아 바른 자세가 몸에 배게 할 것이다.

자, 그럼 '반드시'와 '반듯이'를 확인해 보자.

◎ **반드시** : 틀림없이 꼭.

'무슨 일이 있어도 기필코'라는 의미로 '반드시 이겨야 한다', '반드시 살아남겠다', '반드시 만나자'와 같이 각오나 다짐, 의지를 표현할 때 쓰인다.

◆ 말과 행동은 반드시 일치해야 한다.
◆ 범인이 누군지 반드시 밝혀내겠다.
◆ 이번에는 반드시 우승해야 한다.
◆ 오늘은 반드시 과제 먼저 하고 놀자.

◆ 이번 시험에서는 반드시 좋은 결과를 얻어야지.

◎ **반듯이 :** 작은 물체, 또는 생각이나 행동 따위가 비뚤어지
거나 기울거나 굽지 아니하고 바르게.

'위를 보고 반듯이 눕다', '넥타이를 반듯이 매다', '길이 반듯
이 나 있다'와 같이 사물이나 행동, 사고방식이 곧고 바른 상태
를 뜻한다. '똑바로'와 비슷한 말로 기억하면 된다.

◆ 천장을 올려다보며 반듯이 누웠다.

◆ 그는 반듯이 앉은 채 졸고 있다.

◆ 찬이는 수업 시작 전 항상 교과서를 반듯이 놓는다.

◆ 지선이는 수업 시간에 반듯이 앉아 귀 기울인다.

◆ 언제 어디에서나 행동을 반듯이 해라.

일찍이, 일찌기

일상에서 빈번하게 잘못 쓰이는 표현에 '일찍이'와 '일찌기'가 있다. 학생들과 맞춤법 퀴즈 시간을 가지면 많이 틀리는 단어가 바로 '일찍이'와 '일찌기'이다. 대부분 '일찌기'를 정답으로 고른다. 또 맞춤법에 관심을 가진 사람이라면 '일찍이'는 '일찍'에 '이'가 붙은 것으로, 그리고 '일찌기'는 '일찌감치'의 준말로 생각하기도 한다.

그런데 둘 중 하나는 틀린 표현이다. 어느 것이 틀리고 어느 것이 맞을까?

'일찍이'가 맞고 '일찌기'는 틀린 말이다. 우리가 '일찍이', '일찌기' 두 단어를 혼동하는 이유는 오래전에는 '일찌기'가 맞는 단어였기 때문이다. 그러나 개정된 한글 맞춤법에는 "부사에 부사성 접미사인 '-이'가 붙어서 역시 부사가 되는 경우에는 그 어근이나 부사의 원형을 밝히어 적는다"라는 규정이 있다. 부사 '일찍'에 '-이'가 결합되었으므로 이 규정에 따라 원형을 밝혀 '일찍이'가 표준어가 된 것이다. '곰곰'에 '-이'가 붙어 '곰곰이'가, '더욱'에 '-이'가 붙어 '더욱이'가 된 것 또한 같은 규정에 따른 것이다.

그럼 '일찍이'의 뜻은 무엇일까? 두 개의 뜻이 있는데 예문과 함께 살펴보도록 하자.

첫째로 '일정한 시간보다 이르게'라는 뜻이 있다.

- 오늘은 평소보다 일찍이 집에 들어갔다.

- 내일은 아침 일찍이 여행을 떠날 예정이다.
- 내가 좀 더 일찍이 이 일을 시작했더라면 좋았겠다.

둘째로 '예전에' 또는 '전에 한 번'이라는 뜻이 있다.

- 이런 경우는 일찍이 없었다.
- 그는 일찍이 부모님을 여의었다.
- 오늘 나는 일찍이 경험하지 못했던 색다른 경험을 했다.

'일찍'과 '일찍이'는 뜻이 다른가 하는 의문이 들 것이다. 위의 두 가지 뜻 가운데 첫째 뜻에서 '일찍'과 '일찍이'는 동의어이다.

"눈을 지그시 감았다"
"나이가 지긋이 들어 보인다"

지그시
슬며시 힘을 주는 모양.
조용히 참고 견디는 모양.

지긋이
나이가 비교적 많아 듬직하게.
참을성 있게 끈지게.

소현이의 보물 1호는 중학생이 되던 해 집으로 입양되어 온 강아지 용팔이다. 용팔이는 올해로 열다섯 살이 되어 노견인 셈이지만 요즘 들어 부쩍 영리한 행동을 많이 한다. 소현이는 그런 모습을 다른 사람들과 공유하고 싶어 용팔이를 촬영해 SNS에 동영상을 올리기 시작했다.

용팔이의 주특기는 음악을 틀어 주면 바닥에 배를 깔고 앞발을 다소곳이 모은 자세로 귀를 쫑긋 세운 채 눈을 **지그시** 감고 음악을 감상하는 것이다. 처음에는 용팔이가 잠을 자는 거라고 생각했다. 그런데 음악을 끄자 용팔이가 눈을 번쩍 떴다. 그래서 혹시나 싶어 음악을 틀었더니 또다시 눈을 **지그시** 감고 귀를 쫑긋 세우고는 꼭 음악을 감상하는 듯한 자세를 취하는 거였다.

용팔이는 소현이가 음악을 틀기만 하면 이런 행동을 하기 때문에 SNS에서 '눈을 **지그시** 감고 음악 감상하는 **지긋이** 나이 든 어르신 강아지'로 불리며 인기를 누리게 되었다. 용팔이에게 쏟아지는 사람들의 관심은 나날이 커져 팔로 수가 늘어났다.

용팔이의 음악 감상 영상이 올라가면 재미있는 댓글이 달리는데 주로 이런 내용들이다.

"용팔이가 눈을 **지긋이** 감은 모습이 정말 편안해 보이네요."

"**지그시** 나이 든 용팔이 어르신 음악 감상하시는 모습 보며 저도 음악 감상합니다."

"우리 몽이도 용팔이처럼 노견인데 **지긋이** 음악 감상은 못 하네요. ㅎㅎ"

"용팔이 영상 보고 저도 눈 **지그시** 감고 모처럼 음악 감상했네요. ㅋㅋ"

소현이는 댓글을 보고 사람들이 **지그시**와 **지긋이**를 마구 섞어서 사용한다는 사실을 깨달았다. 소현이는 평소 맞춤법에 예민한 편이라 댓글을 읽으면서 **지그시**와 **지긋이**를 잘못 쓰는 사람들이 자꾸 거슬려 맞게 수정해 주고 싶었다.

학생들이나 젊은 사람들은 SNS상에서 줄임말이나 소리 나는 대로 쓰는 것을 오히려 자연스럽게 여긴다. 만약 소현이가 댓글에 맞춤법을 지적했다가는 어린 꼰대 소리를 들을 게 뻔하다. 소현이는 이참에 나라도 **지그시**와 **지긋이**에 대해 정확하게 알아 두어야겠다고 생각하며 다양한 예문과 함께 맞춤법 공부를 열심히 했다.

우선 앞의 댓글에서 '지그시'와 '지긋이'가 마지막 문장을 제외하고는 모두 잘못 사용되었다. 왜 틀린 표현인지 지금부터 자세히 알아보자.

'지그시'와 '지긋이'는 모두 국어사전에 등재되어 있는 올바른 우리말이다. 두 단어의 발음이 같으니까 뜻이 다른 단어인 줄 모르고 둘 중 하나를 사용하는 경우가 많다. 하지만 두 단어 모두 표준어이므로 뜻을 제대로 이해하여 바르게 써야 한다.

지그시는 슬며시 힘을 주는 모양이나 조용히 참고 견디는 모양을 나타내는 부사이다. 슬며시 힘을 주는 모양은 '그의 손을 지그시 잡다', '발을 지그시 내딛다'처럼 표현할 수 있고, 조용히 참고 견디는 모양은 '입술을 지그시 깨물다', '그의 불손한 태도를 지그시 참다', '모멸감을 지그시 참다'처럼 표현할 수 있다.

지긋이는 '나이가 비교적 많아 듬직하다', '참을성 있게 끈지다'라는 형용사 '지긋하다'에서 파생된 부사로 의미는 같다. 나이가 많다는 의미로는 '그는 나이가 지긋이 들어 보인다'와 같이, 참을성 있게 끈지다는 의미로는 '그녀는 고양이를 지긋이 지켜보고 있다'와 같이 쓸 수 있다.

자, 그럼 '지그시'와 '지긋이'를 다시 한번 확인해 보자.

◎ **지그시** : 슬며시 힘을 주는 모양.
조용히 참고 견디는 모양.
비슷한 말로는 '가만히', '살그머니', '슬그머니'가 있다.

- 눈을 지그시 감고 생각에 잠긴다.
- 탐사 대원이 달 표면을 지그시 밟았다.
- 그녀는 그의 팔을 지그시 잡아당기며 눈치를 준다.
- 나는 말없이 지그시 그들을 지켜보았다.
- 그는 사고로 생긴 상처의 아픔을 지그시 참는다.

◎ **지긋이** : 나이가 비교적 많아 듬직하게.
참을성 있게 끈기 있게.
비슷한 말로는 '듬직이', '잔드근히'가 있다.

- 나이가 지긋이 들어 믿고 맡길 만하다.

- ◆ 지긋이 나이 든 남자가 그녀 옆에 앉는다.
- ◆ 나는 그들을 지긋이 지켜만 보았다.
- ◆ 그는 어려운 역사책을 지긋이 끝까지 읽었다.
- ◆ 그는 지긋이 앉아 차례를 기다린다.

이제 다음의 한 문장을 외워 '지그시'와 '지긋이'를 기억해 두자.

그가 지그시 바라보는 사람은 나이가 지긋이 든 멋진 신사이다.

어떻게
구분하지?

왠, 웬

거의 매일 사용하지만 늘상 헷갈리는 '웬'과 '왠'을 알아보자. '웬'과 '왠'은 발음으로 구분하기 어려워 잘못 쓰이는 경우가 허다하다. 뜻만 정확하게 알면 틀리지 않고 쓸 수 있을 텐데 문제는 문장 속에서 그 뜻을 제대로 구분하기가 모호해서 틀리기가 쉽다는 것이다. 자세한 설명을 하기 전에 다음 세 문장에서 어느 것이 맞을지 찾아보며 '왠'과 '웬'에 관한 맞춤법 실력을 점검해 보자.

① 왠지 이번 일은 잘될 것 같다.
　웬지 이번 일은 잘될 것 같다.

② 왠일로 도서관에 일찍 왔네?
　웬일로 도서관에 일찍 왔네?

③ 왠 낯선 사람이 집에 왔어요.
　웬 낯선 사람이 집에 왔어요.

위 문장의 답은 천천히 설명하기로 하고 '왠'과 '웬'의 뜻부터 살펴보자.

일단 왠은 혼자서는 쓸 수 없다. 그리고 '왠'이 들어가는 낱말은 왠지 하나뿐이다. '왠지'는 '왜인지'의 준말로 '왜 그런지 모르게', '뚜렷한 이유도 없이'라는 뜻을 가진 부사이다. '그는 오늘 멋있어 보인다'를 '그는 오늘 왠지 멋있어 보인다'로 고쳐 쓰면 '오늘따라 이유 없이 여느 때보다 멋있어 보인다'는 뜻이 된다.

웬은 '어찌 된'과 '어떠한'이라는 뜻의 관형사*이다. 그래서 '그게 웬 말이야?'에서 '웬 말'은 '어찌 된 말'이라는 뜻이고, '웬 낯선 곳에 가다'에서 '웬 낯선 곳'은 '어떤 낯선 곳'이라는 뜻이다. '끝난 줄 알았는데 웬걸?'은 '어찌 된 일인지 끝나지 않는다'라는 의미가 된다. **'웬걸' 외에 '웬셈', '웬만큼', '웬일', '웬간하다'와 같은 웬이 붙은 단어들이 있다.**

그렇다면 앞의 ①~③은 어떤 것이 맞는 표현일까?

먼저 ①은 이유는 모르겠지만 잘될 것 같다는 느낌을 담은 문장이므로 '왠지'가 맞다. ②는 어찌 된 일로 도서관에 일찍 왔냐는 의미이므로 '웬일'이 맞고, ③은 어떤 낯선 사람이 집에 왔다는 의미이므로 '웬'이 맞다.

뜻을 어느 정도 이해했을 테니 '왠'과 '웬'을 헷갈리지 않도록 다시 확인하자면, **왠은 왠지를 제외하고는 쓸 일이 없다.** 따라서 '왠일'이나 ' 왠만해서', '왠만하면'과 같은 표현은 모두 '웬일', '웬만해서', '웬만하면'으로 써야 한다. 한마디로 말해 **왠지를 빼고는 모두 웬을 쓴다**고 기억해 두면 된다.

그럼 '웬 떡이냐'일까, '왠 떡이냐'일까?

***관형사**_체언 앞에 놓여서 그 체언의 내용을 자세히 꾸며 주는 품사. 조사도 붙지 않고 어미 활용도 하지 않는데, '순 살코기'의 '순'과 같은 성상 관형사, '저 어린이'의 '저'와 같은 지시 관형사, '한 사람'의 '한'과 같은 수 관형사 따위가 있다.

"늦다니. 어떻게 된 일이지?"
"너무 늦어서 어떡해?"

어떻게
어떤 방법이나 방식으로,
어떤 이유로, 어떤 관점으로.

어떡해
'어떻게 해'의 줄임말.

승진이는 방과 후 돌봄 학교에서 아이들의 공부를 봐주는 교육 봉사를 한다. 어느 날 아이들이 이해하기 쉽게 필기를 하며 설명하다가 갑자기 머리가 띵해지는 순간을 맞았다. 바로 다음 문장 때문이다. 한 아이가 '나 이제 **어떻게**?'가 맞는지, '나 이제 **어떡해**?'가 맞는지 질문해 온 순간에는 까짓것 싶었는데, 막상 칠판에 쓰려니 순간 헷갈리고 자신이 없어지며 팔에서 힘이 빠져나갔다. 자신을 쳐다보는 아이들의 초롱초롱한 눈을 보니 더욱 당황하여 어찌할 바를 몰랐다. 그래서 일단 칠판에 두 문장을 썼다.

나 이제 어떻게?
나 이제 어떡해?

그런데 아무리 봐도 어떤 게 맞는 건지 확신이 서지를 않았다. 속으로 **어떻게**를 읽어 보고, **어떡해**를 읽어 보니 둘이 발음이 같다. 아무거나 찍을 수도 없고 망설이다가 승진이는 "어떤 게 맞는 말일까?" 하고 되물으며 아이들에게 함께 맞혀 보자고 제안했다.

아이들은 **어떻게**와 **어떡해**를 두고 반으로 나뉘었다. 승진이는 자신도 헷갈린다고 솔직하게 털어놓은 뒤 핸드폰을 열어 국립국어원에서 제공하는 정보를 찾아 일단은 '나 이제 **어떡해**?'가 맞는 표현이라고 아이들에게 알려 주었다.

아이들 앞에서 당황한 기억이 영 지워지지 않아 집으로 돌아오는 내내 승진이는 '나 이제 **어떻게**?'와 '나 이제 **어떡해**?'를 되뇌었다. 집에 도착하자마자 노트북을 열고 **어떻게**와 **어떡해**에 관해 이런저런 자료들을 찾아 읽어 보는데 명확하게 이해가 되지 않아 노트에 정리해 두기로 했다. 승진이가 '어떻게'와 '어떡해'에 관해 정리한 내용을 읽어 보자.

나는 그동안 **어떻게**와 **어떡해**를 매일 쓰면서도 너무 익숙해져 있어선지 두 단어에 대해 생각해 보지 않은 채 그때그때 내키는 대로 아무렇게나 사용했던 것 같다. 이번 기회에 분명하게 알아 두기 위해 우선 어떤 경로로 만들어진 단어인지부터 알아보아야겠다. 먼저 **어떻게와 어떡해**는 사전에서 찾을 수 없는 말임을 알게 되었다. 사전에 없는 단어라니…… 지금부터 찬찬히 살펴보자.

이렇게 저렇게 한참 검색해서 알아낸 내용은 다음과 같다.

어떻게의 기본형은 '어떠하다'의 준말인 '어떻다'이다. '어떠하다' 즉 '어떻다'는 '의견·성질·형편·상태 따위가 어찌 되어 있다'라는 뜻을 가진 형용사지만, 어간 '어떠하'에 '-게'가 결합하면 부사어 '어떠하게'가 된다. 그리고 '어떠하게'의 준말이 **어떻게**이다. 이제야 조금 이해가 되는 거 같다.

그렇다면 **어떡해**는 **어떻게** 만들어진 걸까? **어떡해**의 기본형은 '어떡하다'이며, '어떡하다'의 본말은 '어떠하게(=어떻게) 하다'이다. 그리고 '어떠하게 해'가 '어떻게 해'로 줄고 다시 **어떡해**로 줄어든 것이다.

여기까지 알고 나니 **어떻게**와 **어떡해**가 헷갈릴 만하다는 생각이 들어 간략하게 요약해 보았다.

어떠하다 → 어떻다 → 어떻 + 게 = 어떻게(부사어)

어떠하다 → 어떠하게 하다 = 어떻게 하다 = 어떡하다

→ 어떠하게 해 = 어떻게 해 → 어떡해(서술어*)

이번에는 뜻과 쓰임새를 알아야겠다.

우선 **어떻게**는 '그동안 어떻게 지냈어?'와 같이 가벼운 질문에도 쓰이지만, 이보다는 방법이나 의견·이유·관점이 담긴 구체적인 답을 요구할 때 더욱 많이 쓰인다. 이를테면 '이 음식은 어떻게 만들었어?', '어떻게 그런 말을 할 수 있지?', '어떻게 하면 수학을 잘할까?' 같은 경우다. **어떡해**는 '수업 시간에 지각했는데 어떡해', '용돈을 전부 잃어버렸어. 어떡해'와 같이 문장의 마지막에 쓰일 때가 많고 당황하거나 심각하고 급박한 감정을 표현할 때 쓴다.

이렇게 공부하다 보니 이 둘을 쉽게 구분할 수 있는 요령을 하나 발견했다. '어찌'와 '어떻게 해'로 바꾸어 보아 '어찌'가 자연스러우면 **어떻게**가, '어떻게 해'가 자연스러우면 **어떡해**가 맞는다.

예를 들어 '어떻게 된 일이야?'와 '어떡해 된 일이야?' 중 어느 게 맞는지 헷갈린다면, '어찌 된 일이야?'와 '어떻게 해 된 일이야?'로 바꾸어 본다. 전자가 자연스러우니 '어떻게 된 일이야?'가 맞는다. 또 '그런 말을 하면 어떻게?'와 '그런 말을 하면 어떡

해?’ 중 어느 게 맞는지 헷갈린다면, ‘그런 말을 하면 어찌?’와 ‘그런 말을 하면 어떻게 해?’로 바꾸어 본다. 후자가 자연스러우니 ‘그런 말을 하면 어떡해?’가 맞는다.

자, 그럼 ‘어떻게’와 ‘어떡해’를 다시 한번 확인해 보자.

◎ **어떻게** : ‘어떠하다’의 준말 ‘어떻다’의 부사형. 어떤 방법
　　　　 이나 방식으로, 어떤 이유로, 어떤 관점으로.
‘어떻게 된 일이지?’, ‘나이가 어떻게 되나요?’, ‘어떻게 그래’와 같이 쓰는 어떻게는 자신이 없다면 다음 예문과 같이 ‘어찌’로 바꾸어 본다는 사실을 기억한다.

- ◆ 요즘은 어떻게(어찌) 지내시나요?
- ◆ 너 어떻게(어찌) 나한테 이러니?
- ◆ 어떻게(어찌) 그런 심한 말을 하세요?
- ◆ 비가 많이 오는데 어떻게(어찌) 하지?
- ◆ 이 노릇을 어떻게(어찌) 하면 좋겠니?

◎ **어떡해** : ‘어떠하게 하다’가 줄어든 ‘어떡하다’가 활용된
　　　　 형태.
‘나는 어떡해?’, ‘늦으면 어떡해?’, ‘놀면 어떡해?’와 같이 쓰는

'어떡해'는 '어떻게 해'로 바꾸어 보아 자연스러우면 맞는다는 사실을 기억한다.

◆ 너까지 가 버리면 나는 어떡해(어떻게 해)?

◆ 오늘 약속이 있는데 어떡해(어떻게 해)!

◆ 엄마한테 혼나면 어떡해(어떻게 해)?

◆ 오늘도 안 오면 어떡해(어떻게 해)?

◆ 우산이 없는데 비 오면 어떡해(어떻게 해)?

*'어떻게'와 '어떡해'는 형용사 '어떠하다'에서 나온 말이지만 문장에서 '어떻게'는 부사어로, '어떡해'는 서술어로 쓰이므로 이 장에서 다룬다.

***서술어**_문장에서 주어의 움직임, 상태, 성질 따위를 표현하는 말. '그는 달린다'에서 '달린다', '그는 용감하다'에서 '용감하다', '그는 회사원이다'에서 '회사원이다'가 서술어이다.

웬만하면, 왠만하면

다음 중 맞춤법에 맞는 것은?

<u>웬만하면</u> 젊은 우리가 짐을 옮기자.
<u>왠만하면</u> 젊은 우리가 짐을 옮기자.

답은 '웬만하면'이다. 앞에서 이미 설명했지만 **왠**이 들어간 단어는 **'왠지' 말고는 없다는 점을 다시 한번 떠올려 보면 '왠만하면'이 틀린 이유를 알 수 있을 것**이다. 사실 '웬만하면'은 형용사지만 앞에서 다룬 '왠'과 '웬'에 이어 여기에서 알아보자.

예전에 〈웬만해선 그들을 막을 수 없다〉라는 시트콤이 있었다. 이 시트콤이 큰 인기를 끈 당시 학교나 직장 등 사람들이 모이는 곳에서는 '웬만해선 우리를 막을 수 없다', '웬만해선 나를 막을 수 없다'라며 웃음을 자아내곤 했다. 그런데 막상 이 제목을 글로 쓰라고 하면 많은 사람이 '웬만하면'이 아니라 '왠만하면'으로 적는다. 말로 할 때는 두 단어의 발음이 구분하기 어려워서 그리 문제가 되지 않지만, 바로 그 점 때문에 글자로 적으면 '왠'과 '웬'을 틀리게 쓴다.

'웬만하면'의 기본형은 '웬만하다'이고 두 가지 뜻을 지닌다.

첫째는 **정도나 형편이 표준에 가깝거나 그보다 약간 낫다는 뜻**이다. 이를테면 '열심히 노력한 결과 살기가 웬만해졌다'는 잘살려고 열심히 노력하여 어느 정도에 이르렀다는 의미다. 둘째는 **허용된**

범위에서 크게 벗어나지 아니한 상태에 있다는 뜻이다. 처음의 '웬만하면 젊은 우리가 짐을 옮기자'에서의 '웬만하면'이 여기에 해당하여 '짐이 너무 무겁지만 않으면'이라는 의미가 된다.

'웬만하다'의 비슷한 말로는 '괜찮다', '그만저만하다', '어지간하다'가 있으며 '웬만하면' 외에 '웬만하여', '웬만해서는', '웬만한', '웬만하니' 등으로 활용된다.

- 우리는 형편이 웬만하여 사는 데 걱정이 없다.
- 먹고살기가 웬만하니 게을러진다.
- 그 학생의 수학 실력은 웬만한 수준이다.
- 나는 화가 치밀어도 웬만하면 참는다.
- 그는 웬만해서는 남의 말을 안 듣는다.

이제부터는 '웬만하면' 맞춤법을 잘 지켜 우리말을 바르게 사용하도록 하자.

"안 하는 거야?"
"못 하는 거야?"

◯ **안**
　'아니'의 줄임말. 부정이나 반대의 뜻을 나타내는 말.

◯ **못**
　동작을 할 수 없다거나 상태가 이루어지지 않았다는 부정의 뜻을 나타내는 말.

　'안'은 자신의 의지로 행동함을 표현할 때 사용하고, '못'은 능력이나 여건이 안 되어 동작을 할 수 없거나 상태가 이루어지지 않음을 표현할 때 사용한다. 따라서 시작부터 요점 정리를 하자면 **안**이 붙으면 내가 하기 싫은 것이고, **못**이 붙으면 하고 싶지만 할 수 없는 것이다. 그런데 일상 언어생활에서 '안'과 '못'을 혼동해서 쓰는 경우가 꽤 있다.

다음 이야기로 그 차이와 쓰임을 알아보자.

　지훈이는 요즘 고민이 하나 생겼다. 학교나 학원에서 수학 시간만 되면 자신도 모르게 자꾸만 주눅이 들기 때문이다. 예전에는 수학이 가장 자신 있는 과목이었는데 얼마 전부터 평소 풀 줄 알던 문제도 실수로 틀리고, 분명히 아는 수학 공식이 떠오르지 않아 당황하기 일쑤다. 그러다 보니 수학 과목에 자신감이 뚝 떨어져 버렸다.

　친구들은 수학 문제를 풀다가 **못** 푸는 문제가 있으면 항상 지훈이를 찾는다. 오늘도 찬혁이는 함수 문제를 풀다가 도저히 **못** 푸는 문제를 접하자 곧바로 지훈이 자리로 문제집을 들고 왔다. 마침 비어 있는 지훈이 옆자리에 앉아 **못** 푸는 문제를 알려 달라고 했다.

　지훈이는 살짝 불안했지만 한쪽 눈으로 문제를 슬며시 훑었다. 얼핏 보니 전에 풀어서 맞혔던 문제 같았다. 그런데 막상 문제를 풀려고 보니 자신의 풀이에 확신이 들지 않았다. 그렇다고 자신을 수학의 신으로 알고 있는 찬혁이 앞에서 **못** 푼다고 말할 수도 없고 이런 쉬운 문제는 **안** 푼다고 허세를 떨 수도 없어, 이런저런 생각을 하는 동안 지훈이의 등줄기에는 식은땀까지 흐르는 거였다.

　그때 옆에서 지훈이를 지켜보던 수학 동아리 친구인 미소가 끼어들었다.

"야, 수학 공신에게 이런 쉬운 문제를 풀어 달라고 하냐? 내가 지훈이라도 이렇게 쉬운 문제는 **안** 풀어 주겠다. 이리 줘 봐. 내가 한번 봐줄게."

미소의 말에 찬혁이는 입을 삐죽 내밀며 핀잔을 주었다.

"**못** 풀기만 해 봐라. 만약 **못** 풀면 오늘 점심에 딸기 우유는 네가 사는 거다?"

"알았어. 이래 봬도 나도 수학은 좀 하잖냐. 내가 **안** 푸는 문제는 있어도 **못** 푸는 문제는 없다고!"

결국 미소는 함수 문제를 멋지게 풀어서 자신이 말한 대로 **못** 푸는 문제가 없는 미소임을 증명했다. 그리고 미소가 끼어든 덕분에 지훈이는 자신의 슬럼프를 들키지 않을 수 있었다. 그리고 그날 오후 지훈이는 학원 가는 길에 미소와 이야기를 하다 슬럼프의 원인을 찾았다.

수학 동아리에서 지훈이가 수학을 잘한다고 선생님께서 칭찬하자, 3학년 선배가 풀어 보라며 미적분 문제를 내밀었다. 지훈이는 그날 컨디션이 좋지 않아 오늘은 **안** 풀겠다고 했더니 **못** 푸는 거 아니냐며 선배가 비아냥거리는 통에 슬그머니 화가 났다. 자존심이 상한 지훈이는 '이깟 문제쯤이야' 하는 마음으로 문제를 풀다가 풀이 과정에서 실수를 했다. 바로 실수를 알아차리고 수정하고 있는데 선배가 놀리듯 이렇게 말하는 거였다.

"에이 **못** 푸네, **못** 풀어. 그럼 그렇지. 이렇게 어려운 문제는 네 수준으로 **못** 푸는 게 당연하지. **못** 푸니까 컨디션 핑계 대며 **안** 풀겠다고 한 거네. 흐흐흐~."

이 일이 있은 후 지훈이는 '나는 어려운 미적분 문제는 **못** 풀어'라는 생각 속에 머물며 자신의 가능성을 스스로 평가절하하여 슬럼프에 빠진 것이다.

"다시 도전해 보지도 않고 **못** 푼다고 단정 짓는 건 너답지 않아" 하는 미소의 말에 힘입어 지훈이는 집으로 돌아오는 길에 슬럼프에서 벗어나야겠다고 스스로에게 다짐했다.

'나 이지훈은 앞으로 시시해서 **안** 푸는 문제는 있어도 실력이 없어 **못** 푸는 문제는 없는 수학의 공신이 되겠다.'

지훈이의 슬럼프 이야기를 통해 '안'과 '못'의 차이를 어느 정도 이해했을 것이다. 그럼 이제 좀 더 자세히 정리해 보겠다.

'안'과 '못'은 모두 무엇인가를 하지 않는다는 의미이다. 하지 않는다는 결과는 같아 보이지만 '안'과 '못'은 다른 뉘앙스를 지닌다. '안 하는 것'과 '못 하는 것'의 차이는 그것을 행할 수 있는 능력이 있는가 없는가에 달려 있다. 즉 **안**은 충분히 할 수 있는 능력은 있지만, 자신의 의지에 따라 하지 않을 때 사용하는 표현이다. 반면 **못**은 하고 싶어도 능력이 없거나 여건이 갖추어지지 않아 할 수 없음을 표현할 때 사용한다.

숙제를 '안' 하는 것과 '못' 하는 것, 탈출을 '안' 하는 것과 '못' 하는 것, 일을 '안' 하는 것과 '못' 하는 것의 차이를 생각해 보자.

숙제를 할 수 있는 능력은 되지만 일부러 하지 않을 때는 '안' 한다고 해야 한다. 그러나 숙제를 하고 싶어도 어떻게 하는지 모르거나 할 수 없을 때는 '못'한다고 해야 한다. 탈출과 일도 마찬가지이다. **안**과 **못**은 자신의 의지에 따른 것이냐, 아니냐에 따라 상황에 알맞게 사용해야 한다.

자, 그럼 '안'과 '못'을 다시 한번 확인해 보자.

◎ **안** : '아니'의 준말. 부정이나 반대의 뜻.

'안 하다', '안 춥다', '안 간다'와 같이 어떤 행동을 나타내는 동사 앞에서 자신의 의지로 하지 않을 때 쓴다. 다음의 구체적인 예를 보며 일반적인 부정의 '안'인지, 의지를 반영하는 '안'인지 생각해 보자.

- ◆ 그렇게 기다리는 비가 오늘도 안 내린다.
- ◆ 절약하기 위해 안 먹고 안 쓴다.
- ◆ 오늘은 겨울 날씨치고 안 추운 날이다.
- ◆ 나는 공부를 안 해 부모님을 화나게 했다.
- ◆ 그는 동상처럼 꼼짝 안 하고 가만히 있다.

◎ **못** : 동작을 할 수 없다거나 상태가 이루어지지 않았다는 부정의 뜻.

'못 말리다', '못 마시다', '못 자다'와 같이 어떤 행동을 나타내는 동사 앞에서 능력이나 여건이 안 되어서 할 수 없음을 표현할 때 쓰며, 뒤에 오는 단어와 띄어서 쓴다. 다음의 구체적인 예를 보며 능숙하게 하지 못하는 '못'인지, 여건이 안 되는 '못'인지 확인해 보자.

- ◆ 그는 이가 아파서 고기를 못 먹는다.
- ◆ 나는 형편이 어려워 대학을 못 마쳤다.
- ◆ 일본어를 전혀 못 읽는다.
- ◆ 하필이면 다리를 다쳐서 수학여행을 못 갔다.
- ◆ 낯을 가려 사람들 앞에서 노래를 못 부른다.

---

*못하다 / 못 하다_국립국어원의 설명에 따르면 '못하다'와 '못 하다'는 다음과 같이 구분한다. '어떤 일에서 일정 수준에 못 미치거나 그 일을 할 능력이 없다'의 뜻으로 쓸 때 즉 '그 사람은 얼굴에 티가 나서 거짓말을 못한다', '나는 초보 운전자라서 운전을 못한다'와 같은 경우에는 붙여 쓴다. 그리고 외부 상황 때문에 할 수 없는 경우에는 '친구가 지켜보고 있어 거짓말을 못 했다', '지난주에 다리를 다쳐서 운전을 못 한다'와 같이 띄어 쓴다.

일일이, 일일히

오랜만에 영화관을 찾은 순영이. 자신이 좋아하는 배우가 무대 인사를 하러 온다는 소식에 입고 갈 옷을 정하고, 사인을 해 달라고 할 때 어떤 표정을 지을지 등을 생각하느라 설레는 밤을 보냈다.

인기 배우들이 대거 등장하는 무대라서인지 영화관 안팎으로 경비가 대단했다. 그리고 입장하는 관객들을 **일일이** 살펴보며 안전에 신경을 쓰는 듯했다. 드디어 무대 인사가 시작되고 사회자가 영화에 등장하는 배우들을 **일일이** 소개했다.

그리고 사전 예약과 추첨으로 선정된 관객이 배우들과 만나는 코너가 진행되었다. 와, 대박! 배우들이 관객 한 명 한 명과 **일일이** 악수를 하는 게 아닌가! 순영이는 배우들과 **일일이** 악수를 하면서 마치 꿈을 꾸고 있는 것 같았다.

'일일이'와 '일일히' 중 바른 표현은 '일일이'이다. 하지만 특별히 의식하지 않고 '일일히'로 발음하는 사람이 적지 않다. 또 어떤 사람은 '일일히'가 '일일이'보다 세세한 느낌을 준다며 '일일히'로 쓴다.

사실 '일일히'는 '일일이'의 옛말이다. 예전에는 '일일히'가 맞는 표기였기 때문에 그 버릇이 남아 지금도 '일일히'로 쓰는 사람이 있지만, 지금은 '일일이'만 표준어로 인정한다. '일일이'는 [일:리리]로 읽어야 하는데 앞에서도 잠깐 언급한 것처럼 무의식적으로 여전히 '일일히'로 발음하여 쓸 때도 잘못 쓴다.

'일일이'는 부사로 다섯 가지 정도 뜻을 가진다.

첫째 일마다 모두, 둘째 하나씩 또는 한 사람씩, 셋째 이것저것 자세히, 넷째 세심하게 정성 들여, 다섯째 여러 가지 조건에 그때그때마다. 이 다섯 가지 의미를 모두 담아 **일일이**를 **'하나하나 빠짐없이 전부'로 기억해 두면 된다.**

여기까지 읽었는데도 '일일히'인지, '일일이'인지 헷갈린다면 요령이 하나 있기는 하다. **일 + 일 = 이**(1 + 1 = 2)를 떠올리면 틀리지 않을 것이다. 다음 예문으로 굳히기를 해 보자.

- 선생님께서 아이들의 표정을 일일이 확인했다.
- 엄마는 일일이 손빨래를 하신다.
- 은표는 총명해서 일일이 설명하지 않아도 알아듣는다.
- 부장님은 그의 실수를 일일이 지적했다.
- 조건에 일일이 얽매이다 보면 원하는 일을 할 수 없다.

"조금 이따가 들어가자"
"밖에 있다가 들어가자"

◎ **이따가**
조금 지난 뒤에.

◎ **있다가**
동사 '있다'에 연결 어미*
'-다가'*가 결합한 말.

가끔 '이따가'와 '있다가' 둘 중 어느 것이 맞느냐는 질문을 받을 때가 있다. '이따가'와 '있다가'는 둘 다 맞춤법에 맞는 표준어여서 문맥에 알맞게 써야 한다. 그렇다면 이 둘의 차이점은 무엇이고 뜻은 어떻게 다를까?

동생의 문자 메시지를 받고 '이따가'와 '있다가' 맞춤법 공부를 시켜야겠다고 생각한 이야기를 보자.

준희는 다음 주에 있을 진로와 관련한 발표 자료를 만드느라 정신없이 컴퓨터 자판을 두드리고 있었다. 그때 자신을 부르는 엄마의 목소리가 들려왔다.

"준희야, 조금 **이따가** 준석이 언제 오나 전화 좀 해 볼래?"

학원에 간 동생 준석이에게 전화를 걸어 보라는 엄마의 말씀에 학원 수업이 끝나는 시간을 기다렸다가 준희는 하던 일을 잠시 멈추고 동생에게 전화를 걸었다.

"띠리링~ 띠리링~."

아무리 벨을 울려도 준석이는 전화를 받지 않았다. 하던 일을 마저 해야 해서 준희는 전화하라는 메시지를 보냈다. 얼마 후 동생에게서 "지금 바쁘니까 **있다가** 전화할게"라는 답이 왔다.

'얘 뭐야? 어디에 **있다가** 온다는 거지?' 싶어 준희는 동생에게 "어디 **있다가** 온다는 거야?" 하고 문자 메시지를 보냈다. 그러자 준석이에게 다음처럼 답장이 왔다.

"아니, 조금 **있다가** 전화한다고."

준희는 준석이의 문자 메시지를 보면서 동생에게 맞춤법 공부를 시켜야겠다는 생각이 들었다. 잠시 후 집으로 돌아온 동생에게 준희가 핸드폰을 내밀며 말했다.

"준석아, 너 어디에 **있다가** 온 거야? 말로 하지 말고 핸드폰에 써서 보여 줘."

준석이는 무슨 일인가 싶었지만 누나가 하라는 대로 핸드폰

화면에 이렇게 써서 준희에게 보여 주었다.

"어디긴. 학원 끝나고 애들이랑 잠깐 PC방에 **이따가** 왔지."

준희는 준석이 핸드폰 화면을 자신의 핸드폰으로 찍은 뒤 준석이에게 말했다.

"알았어. 얼른 씻고 밥 먹자. 그리고 저녁에 맞춤법 공부 좀 하자."

그날 저녁 준희와 준석이는 **이따가**와 **있다가**의 쓰임에 대해 함께 공부하고 앞으로도 맞춤법이 틀리거나 헷갈리는 단어가 있으면 그때그때 확인해 두기로 약속했다.

지금부터 준희와 준석이 남매가 공부한 '이따가'와 '있다가'를 우리도 자세히 알아 두자.

'이따가'와 '있다가'는 맞춤법에 맞는 말이므로 맥락에 맞게 쓴다면 문제 될 게 없다. '이따가'는 '조금 지난 뒤에'라는 뜻으로 '이따가 다시 의논하자'와 같이 쓰고, '있다가'는 동사 '있다'의 활용형으로 '그곳에 조금 있다가 밖으로 나왔다'와 같이 쓴다.

좀 더 구체적으로 살펴보면 **이따가**의 품사는 부사로 '구체적이지 않은 시간이 경과한 후에'라는 의미이다. 따라서 사람들이 흔히 쓰는 '있다가 보자'는 틀린 표현이고 '이따가 보자'가 맞는 표현이다.

있다가는 동사 '있다'의 어간 '있'과 다른 동작으로 바뀜을 나타내는 연결 어미 '-다가'가 결합해 만들어진 말이다. '어떤 장소에 잠시 머문다', '어떤 상태를 계속 유지한다'는 의미로 쓰는데 구체적인 시간과 함께 쓰기도 한다. 즉 '도서관에 있다가 운동장으로 나갔다', '책을 읽다가 잠이 들었다', '한 시간만 있다가 함께 가자'와 같다.

자, 그럼 '이따가'와 '있다가'를 다시 한번 확인해 보자.

◎ **이따가** : 조금 지난 뒤에.

'이따가 만나', '조금 이따가 갈게', '이따가 다시 와'에서와 같이 '잠시 후'라는 의미를 지니며 '이따'와 같은 말이다.

- ◆ 수아야, 이따가 수업 끝나고 만나자.
- ◆ 지금은 배가 부르니 이따가 먹을게요.
- ◆ 조금 이따가 약속 장소에서 만나자.
- ◆ 엄마가 이따가 함께 장 보러 가자고 하신다.
- ◆ 이따가 같이 밥 먹으러 가는 거 어때?

◎ **있다가** : 동사 '있다'에 연결 어미 '-다가'가 결합한 말. 어느 곳에서 떠나거나 벗어나지 아니하고 머문 뒤.

'여기 있다가 들어와', '집에 있다가 놀러 나갔다', '차에 있다가 졸았다'와 같이 '어떤 장소에서 잠시 머문 다음'이라는 뜻을 나타낸다.

- ◆ 교실에 조용히 있다가 나와라.
- ◆ 밖이 너무 추우니 여기 잠깐 있다가 나가자.
- ◆ 계단에 숨어 있다가 놀라게 해 주자.
- ◆ 나는 그냥 집에 있다가 학교로 바로 갔다.
- ◆ 한 시간 정도 더 있다가 퇴근하겠다.

---

*'있다가'는 동사 '있다'의 활용형이나 '이따가'가 부사이므로 이 장에서 다룬다.
*연결 어미_어간에 붙어 다음 말에 연결하는 구실을 하는 어미. '-게', '-고', '-(으)며', '-(으)면', '-(으)니', '-아 / 어', '-지' 따위가 있다.
*-다가_ ① 어떤 동작이나 상태가 중단되고 다른 동작이나 상태로 바뀜을 나타내는 연결 어미. 예) 그는 걷다가 갑자기 뛰기 시작했다. ② 어떤 동작이 진행되는 중에 다른 동작이 나타남을 나타내는 연결 어미. 예) 그는 둘레길을 걷다가 하늘도 보고 꽃도 보았다. ③ 어떤 일을 하는 과정이 다른 일이 이루어지는 원인이 됨을 나타내는 연결 어미. 예) 얇은 옷을 입고 나갔다가 감기에 걸렸다. ④ 두 가지 이상의 사실이 번갈아 일어남을 나타내는 연결 어미. 예) 오늘은 해가 났다가 비가 내렸다가 한다.

그러므로, 그럼으로

기찬이는 뉴스 마지막에 나오는 일기 예보를 들을 때마다 궁금증이 생긴다. 뉴스를 전하는 아나운서의 이 말 때문이다.

"내일은 낮 최고 기온도 영하권으로 떨어져 대단히 춥겠습니다. **그러므로 / 그럼으로** 외출하실 때는 따뜻한 옷차림으로 나가시기 바랍니다."

어느 날은 '그러므로'로 들리고 어느 날은 '그럼으로'로 들려 어떤 게 맞는지 궁금했다.

'그러므로'와 '그럼으로'는 들을 때는 잘 구별이 되지 않지만, 형태는 물론 엄연히 의미가 다른 말이다.

우선 형태를 보자. 부사 '그러므로'는 '그러 + 므로'와 같이 만들어진 말인데 '그러'는 형용사 '그러하다'의 어간, '-므로'는 까닭을 나타내는 연결 어미이다. '그럼으로'는 '그럼 + 으로'와 같이 만들어진 말로, '그럼'은 동사 '그러다'('그리하다'의 준말)의 명사형이다.

이번에는 의미를 보자. **그러므로는 앞 내용이 뒤에 오는 내용의 이유나 원인, 근거가 될 때** 쓰는 접속 부사이다. 말하자면 앞 내용과 뒤 내용이 인과 관계를 가질 때 사용하며 '그러하기(= 그렇기) 때문에'라는 뜻이다. '그래서', '그러니까', '고로'와 같은 단어들과 바꾸어 문맥이 자연스러우면 '그러므로'로 써야 한다.

- 나는 생각한다. 그러므로 존재한다.
- 일주일 동안 청소하지 않았다. 그러므로 집이 지저분하다.
- 그는 훌륭한 과학자다. 그러므로 사람들이 존경한다.

그럼으로는 어떤 일의 수단이나 도구를 표현할 때 사용하며, '그렇게 하는 것으로써'와 바꾸어 자연스러우면 '그럼으로'를 쓴다. 그리고 '써'는 '그러므로'가 아닌 '그럼으로'에만 붙일 수 있다.

- 그는 열심히 공부한다. 그럼으로(써) 삶의 보람을 느낀다.
- 간식을 줄였다. 그럼으로(써) 지출이 줄었다.
- 일회용품을 사용하지 않는다. 그럼으로(써) 환경 보호를 실천한다.

이제 맨 처음의 궁금증으로 돌아가 보자. 위의 설명을 충실히 읽었다면 기찬이가 궁금해한 문장에서는 '그러므로'가 맞는다는 것을 알 수 있다. 날씨가 추우니까 따뜻하게 입으라는 내용이니 앞 문장이 원인, 뒤 문장이 결과인 인과 관계를 갖기 때문이다.
간단하게 정리하면 **문장의 앞뒤가 원인과 결과를 이루면** 그러므로가, **문장의 앞이 뒤의 수단이나 도구가 되면** 그럼으로가 된다.

"학생으로서 의무를 다하다"
"법으로써 처벌하다"

❋ **(으)로서**
지위나 신분 또는 자격을
나타내는 격 조사.*

❋ **(으)로써**
어떤 일의 수단이나 도구, 재료,
원료를 나타내는 격 조사.

선재의 꿈은 사회 공익에 앞장서는 법조인이 되는 것이다. 진로를 일찌감치 정한 선재는 고등학교 1학년 때부터 리더십 전형으로 대학에 진학하려는 계획을 세웠다. 선재가 리더십 전형을 택한 이유는 중학교 1~2학년 때 반장과 부반장**으로서** 꾸준히 활동했고, 3학년 때는 전교 회장으로 활동하면서 리더**로서**의 삶이 자신과 맞는다고 생각했기 때문이다.

이러한 동기와 목표가 있기에 선재는 리더십 전형에 응시할 사람은 학교장, 담임 선생님, 동아리 선생님의 추천을 받거나 본인의 리더십 능력을 평가하여 스스로 추천한 학생이어야 한다는 요건을 항상 마음속에 새기고 리더십 전형**으로써** 꼭 자신이 원하는 대학에 가리라 결심했다.

그래서 선재는 반장, 부반장, 회장 활동을 하면서 매년 리더십 캠프에 참여해 리더**로서**의 자세를 배웠다. 그렇게 리더십을 몸에 익힌 덕분에 고등학교에 진학해서도 낯선 반 친구들에게 호감을 얻어 반장으로 선출되었다. 기쁜 마음을 안고 당선 소감을 말하면서 선재는 반 친구들에게 이런 제안을 했다.

"여러분, 저는 우리 반 모두가 학생**으로서** 마땅히 지켜야 할 것들은 잘 지켰으면 좋겠습니다. 특히 학교가 교칙**으로써** 금지하는 것들은 결코 하지 않는 우리가 되기 바랍니다. 저는 그런 반을 만들기 위해 여러분과 함께 최선을 다하겠습니다."

선재의 이야기를 들으며 맨 앞줄에 앉은 정화는 노트에 다음과 같이 메모를 했다.

학생으로서, 교칙으로써.

선재는 '(으)로서'와 '(으)로써'의 용법을 정확히 알고 있다!

역시 반장감이다.

그리고 집에 돌아온 정화는 생각남 김에 **(으)로서**와 **(으)로써**에 대해 완벽하게 공부해 두고 싶어 노트에 정리했다.

'(으)로서'는 '지위나 신분 또는 자격'을 나타내는 격 조사이다. 따라서 '학생으로서', '사람으로서', '법조인으로서'는 '학생 신분으로', '사람 자격으로', '법조인 자격으로'라는 뜻이다. 이는 비교적 익숙하게 알고 있는 내용이다. 그런데 우리가 잘못 알고 사실이 하나 있다. 다름 아니라 '(으)로서'가 자격, 신분 등을 나타내는 조사이므로 사람에게만 쓴다고 생각하는 점이다. 그러나 '현재로서', '장소로서', '공영 방송으로서'와 같이 사물에도 쓸 수 있다.

요약하자면 (으)로서는 위에서 알아본 대로 지위나 자격을 가지고 있음을 나타낼 때뿐 아니라 어떠한 동작이 일어나거나 시작되는 곳을 의미할 때도 사용한다.

그것은 사람으로서 해서는 안 되는 행동이다.

이 문장에서 '으로서'는 우리가 잘 아는 자격을 나타낸다.

지금의 성공은 그의 말로서 시작해 이룬 결과이다.

이때는 성공이 시작된 곳이 그의 말임을 뜻하는 '로서'이다.

(으)로써는 어떤 일의 수단이나 도구를 나타내는 격 조사이다. '숫자로써', '정치로써', '법으로써'와 같이 표현하며 숫자, 정치, 법을 수단으로 삼는다는 의미이다. '(으)로써'는 과거에 격식을 차리기 위해 사용하던 단어로 지금은 '써'를 빼고 '(으)로'만 쓰는 경우가 많다.

또한 '(으)로써'에는 수단이나 도구를 나타내는 것 외에 '밀가루로써 빵을 만든다'처럼 어떤 물건의 재료나 원료를 가리킬 때와 '고향을 떠난 지 올해로써 10년이 되었다'처럼 어떤 일의 기준이 되는 시간을 나타낼 때도 사용한다.

자, 그럼 '(으)로서'와 '(으)로써'를 다시 한번 확인하자.

◎ (으)로서 : 지위나 신분 또는 자격을 나타내는 격 조사.
　　　　　어떤 동작이 일어나거나 시작되는 곳을 나타내는
　　　　　격 조사.

'선생님으로서', '장관으로서', '경찰로서'처럼 지위나 신분, 자격을 표현할 때 외에 동작이 일어난 시점을 표현할 때도 사용한다는 사실을 아울러 알아 두면 좋다.

◆ 그는 교사로서 학생들에게 최선을 다한다.
◆ 그는 친구로서도 좋으나, 남편으로서도 부족함이 없다.

◆ 나는 자식으로서의 도리를 하고 싶다.

◆ 이 문제는 현재로서는 해결이 불가능하다.

◆ 그것은 이 한마디 말로서 시작되었다.

◎ **(으)로써 :** 어떤 일의 수단이나 도구를 나타내는 격 조사.

어떤 물건의 재료나 원료를 나타내는 격 조사.

어떤 일의 기준이 되는 시간임을 나타내는 격 조사.

'쌀로써', '말로써', '현재로써'와 같이 수단이나 도구, 재료를 표현할 때 외에 기준이 되는 시간을 표현할 때도 사용한다는 사실을 아울러 알아 두면 좋다.

◆ 순영이는 가끔 말로써 상처를 준다.

◆ 그는 자신이 무죄임을 눈물로써 호소했다.

◆ 노사 간에 타협함으로써 갈등이 해소되었다.

◆ 밀가루로써 빵과 과자, 국수도 만든다.

◆ 할머니가 돌아가신 지 오늘로써 꼭 100일이다.

***격 조사**_체언이나 체언 구실을 하는 말 뒤에 붙어 그 말이 갖는 일정한 자격을 나타내는 조사. '이/가'·'께서' 등의 주격 조사가 있고, 격 조사에는 '이다'의 서술격 조사, '을/를'의 목적격 조사, '에'·'에서'·'와/과' 등의 부사격 조사가 있다.

잘 하다, 잘하다

국어 시간에 학생들이 맞춤법과 관련하여 가장 많이 묻는 질문이 '잘'을 뒤에 오는 말과 어느 때 붙여 쓰고, 어느 때 띄어 쓰느냐이다. 말하자면 '잘 하다'와 '잘하다', '잘 되다'와 '잘되다' 중 어떤 게 맞느냐는 물음이다. '국어를 잘한다'고 할 때는 붙여 쓰는데, '등교를 잘 하다'고 할 때는 왜 띄어 쓸까?

'잘 하다'와 '잘하다'의 뜻과 품사를 알아보자.

'잘 하다'는 부사 '잘'과 동사 '하다'가 합쳐진 말이다. '옳고 바르게', '좋고 훌륭하게', '편하고 순조롭게'라는 뜻을 가진 부사 '잘'이 '하다'를 꾸미고 강조하는 역할을 한다. '잘 먹다', '잘 보다', '잘 놀다'에서 '잘'이 그렇다.

다시 말해 **잘**에 **'바르게', '문제없이' 또는 '순조롭게', '제대로'라는 뜻을 담아 표현할 때는 '잘 하다'로** 쓴다. 다음 예문으로 뜻을 알아보자.

- 아이들에게 문단속을 **잘 하라**고 당부했다. : 정확하게, 바르게
- 이야기를 **잘 하다가** 샛길로 빠지네. : 순조롭게, 훌륭하게
- 비가 내리는데 등교 **잘 했어?** : 순조롭게, 문제없이
- 글쓰기 훈련을 **잘 하도록** 하자. : 바르게, 제대로
- 프로 선수가 되려면 연습을 **잘 해야** 한다. : 바르게, 제대로

'잘하다'는 '옳고 바르게 하다', '좋고 훌륭하게 하다', '익숙하고 능란하게 하다'는 뜻을 갖는 하나의 단어이므로 붙여 쓴다. 그리고 이 세 가지 뜻 말고도 매우 다양한 표현으로 쓸 수 있다. 다음의 예문을 보면 일상에서 많이 쓰는 표현이라 내용은 어렵지 않지만, 다양하게 쓰이는 점을 알 수 있다.

- 그는 평소 회사에서 처신을 잘한다. : 옳고 바르게 하다.
- 우리, 공부든 운동이든 다 잘하자. : 좋고 훌륭하게 하다.
- 그녀는 피아노 연주를 아주 잘해. : 익숙하고 능란하게 하다.
- 그 애는 거짓말을 잘한다. : 버릇으로 자주 하다.
- 그는 술을 아주 잘한다. : 음식 따위를 즐겨 먹다.
- 잘하면 이번 경기는 이기겠다. : 운이나 여건 따위가 좋으면
- 남에게 잘해야 나도 대접받는다. : 친절하게 성의껏 대하다.
- 아주 잘한다 잘해. : 하는 짓이 못마땅하다.

일상에서는 '잘 하다'보다 '잘하다'를 사용하는 빈도가 높다. 위의 예문을 참고하여 정확한 뜻과 품사, 상황을 고려하여 '잘 하다'와 '잘하다'를 적절하게 구분하여 사용하도록 하자.

"먹든지 말든지"
"어찌나 춤던지"

◎ **-든지**
나열된 동작이나 상태, 대상 중에서 어느 것이든 선택될 수 있음을 나타내는 연결 어미.

◎ **-던지**
막연한 의문이 있는 채 뒤 사실과 관련시키는 데 쓰는 연결 어미.

처음으로 남자 친구를 사귀는 민지는 요즘 온 세상이 무지갯빛으로 아름답게 보인다. 남자 친구가 보내 주는 모닝 문자 메시지로 아침을 활기차게 시작해 저녁의 굿 나이트 문자 메시지로 행복 자체인 일상을 만끽하다 보니 밥을 안 먹어도 배가 고프지 않아 점심을 건너뛰는 일이 종종 있다.

당연히 친구들이 점심을 먹으러 가자고 해도 배가 안 고프다며 남자 친구와 문자 메시지를 주고받는 일에만 몰두하자, 친구들은 밥을 먹**든지** 말**든지** 알아서 하라며 아예 민지에게 점심 먹자는 말조차 하지 않는다.

남자 친구의 달달한 챙김을 받다 보니 친한 친구들이 자신과 멀어지는 것도 모르는 채 하루하루 그저 꽃길을 걷는 것만 같았다. 그런데 민지의 가장 친한 친구 소영이는 남자 친구에게만 집중하는 민지에게 서운한 마음을 감출 수가 없다.

"민지야, 너 우리가 처음 만난 날 기억나니? 어찌나 춥**던지** 손이 꽁꽁 얼었었잖아."

"기억나지. 그때 네가 끼고 있던 벙어리장갑을 나한테 빌려줬잖아. 소영이 네 손은 차가워지**든지** 말**든지** 상관없다는 표정으로 말이야. 얼마나 고마웠는지 몰라. 그런데 그 얘긴 갑자기 왜?"

"잊어버리지 않았구나. 나는 요즘 네가 남자 친구에게만 신경 쓰니까 우리가 함께 보낸 지난 시간이 어찌나 생각나고 그립**던지**……."

"내가 그랬어?"

"그래. 나뿐만 아니라 다른 애들도 네가 친구들이 어떤 생각을 하**든지** 말**든지** 관심도 없는 것 같다고 서운해하고 있어. 나는 네가 남자 친구랑 사귀는 거 응원해. 하지만 남자 친구 생각만 하지 말고 우리도 좀 생각해 주면 좋겠어."

소영이의 진심 어린 충고를 들으며 민지는 남자 친구를 사귀기 시작한 뒤 자신의 행동을 돌아보았다. 파노라마처럼 펼쳐진 지난 시간들 속에서 자신이 친구들이 서운해하**든지** 말**든지** 전혀 신경 쓰지 않았음을 깨달았다.

소영이와 이야기를 나눈 다음 날 민지는 친구들에게 그동안 서운하게 한 것을 사과했다.

"미안해, 얘들아! 내가 처음 남자 친구를 사귀는 거라 너희를 서운하게 하는지도 몰랐어. 돌이켜 보니 내가 얼마나 생각이 없었**던지**……. 앞으로는 내가 잘할게. 한 번만 봐주라!!"

소영이의 충고로 민지와 친구들은 더욱 끈끈한 우정을 쌓으며 서로를 응원하는 학창 시절을 추억으로 남기게 되었다.

민지와 친구들의 이야기에서 '-든지'와 '-던지'의 쓰임을 어느 정도는 이해했을 것이다. 어떤 상황에 '-든지'를 쓰고 어떤 상황에 '-던지'를 쓸까? 일상생활에서 맞춤법을 잘 지킨다고 자부하는 사람들도 "원숭이도 나무에서 떨어진다"라는 속담처럼 곧잘 틀리는 것이 '-든지'와 '-던지'이다.

◎ **-든지** : 나열된 동작이나 상태, 대상 중에서 어느 것이나 선택될 수 있음을 나타내는 연결 어미.
'집에 가든지 말든지 정해라', '자든지 보든지 마음대로 해라'

와 같이 나열된 것 가운데 선택할 때 사용한다. 문장에서는 대부분 '-든지 ─든지 해라' 형태로 쓰인다. 또한 '밥이든지 국수든지 다 좋다', '케이크든지 빵이든지 고르자'와 같이 조사로서의 '든지'가 있다. 의미는 거의 동일하여 어느 것을 택해도 차이가 없는 사물을 나열하는 데 사용한다.

- ◆ 새로운 만남을 갖든지 말든지 해라.
- ◆ 집에 가든지 학원에 가든지 하자.
- ◆ 싫든지 좋든지 간에 따를 수밖에 없다
- ◆ 노래를 부르든지 춤을 추든지 네 맘대로 해라.
- ◆ 계속 가든지 여기에서 굶어 죽든지 네가 결정해라.

◎ **-던지** : 막연한 의문이 있는 채 그것을 뒤 사실과 관련시키는 데 쓰는 연결 어미.

'어찌나 바람이 불던지 무서웠다', '얼마나 딱하던지 한숨이 났다'와 같이 과거의 행동을 생각할 때 쓰는 말이므로 대체로 지나간 일을 돌이켜 보는 문장에서 쓰인다.

- ◆ 그가 어찌나 과거만 추억하던지 안타까웠다.
- ◆ 얼마나 춥던지 볼이 빨갛게 얼었다.
- ◆ 생일 선물이 마음에 안 들던지 뽀로통한 얼굴이었다.

◆ 어찌나 맛있게 먹던지 나도 먹고 싶어졌다.

◆ 다리 수술 후 얼마나 아프던지 눈물이 났다.

이제 우리는 사람들이 흔히 하는 말인 '먹던지 말던지 마음대로 해'나 '하던지 말던지 해라'는 잘못 쓰인 문장임을 알 수 있다. 먹을지 말지, 할지 하지 않을지를 선택해야 상황이므로 '-든지'를 써서 '먹든지 말든지 마음대로 해', '하든지 말든지 해라'라고 해야 한다.

앞으로는 선택할 상황에서는 '-든지'를, 과거의 일을 이야기할 때는 '-던지'를 쓴다는 사실을 꼭 기억하자.

채, 체

아이들은 물론 어른들도 헷갈리는 맞춤법 '채'와 '체'는 어떻게 구분해야 바르게 쓸 수 있을까? 이 역시 앞에서 살펴본 '결재'와 '결제', '매다'와 '메다'처럼 구분하기 까다로운 ㅐ와 ㅔ가 들어간 단어다. 글자 모양뿐 아니라 발음까지 비슷하여 맞춤법을 혼동하여 제법 자주 틀린다.

우리가 평소 자주 쓰는 문장으로 확인해 보자. 친구들과 장난치다가 '잘난 ○하지 마!'라는 말을 할 때가 있다. 여기에서는 '잘난 체'가 맞는데 '잘난 채'로 쓰는 경우가 많다. 또 '그의 어깨에 기댄 ○ 잠이 들었다'에서는 '채'와 '체' 중 어느 것이 맞을까? 이 문장에서는 '채'가 맞다. 하나씩 보자.

채는 의존 명사로 이미 있는 상태 그대로 있음을 나타낸다. 다음을 보며 확인해 보자.

- 너무 피곤해서 씻지도 못한 채 잠이 들었다.
- 그는 일할 때 볼펜을 입에 문 채 몰두한다.
- 아기 고양이가 몸을 움츠린 채 비를 맞으며 떨고 있다.
- 아이들이 옷을 입은 채 분수에 뛰어들었다.

체 역시 의존 명사이며 그럴듯하게 꾸미는 거짓 태도나 모양을 나타낸다.

- 나는 못 이기는 체 친구들에게 이끌려 갔다.
- 친구가 지나가는데 못 본 체 딴청을 피웠다.
- 그는 두려웠지만 아무렇지도 않은 체 큰소리를 쳤다.
- 돈이 없는데 있는 체는 왜 하는 거야?

아직도 헷갈리는 사람들을 위해 쉽게 구분하는 팁을 하나 설명하겠다. '체'의 비슷한 말 '척'으로 바꾸어 보는 방법이다. '척'으로 바꾸어 말이 되면 '체'를 사용한다. 이를 위에서 든 예문에 적용해서 자연스러운지 확인해 보도록 하자.

- 나는 못 이기는 체 친구들에게 이끌려 갔다. → 나는 못 이기는 척 친구들에게 이끌려 갔다. (O)
- 친구가 지나가는데 못 본 체 딴청을 피웠다. → 친구가 지나가는데 못 본 척 딴청을 피웠다. (O)
- 아기 고양이가 몸을 움츠린 채 비를 맞으며 떨고 있다. → 아기 고양이가 몸을 움츠린 척 비를 맞으며 떨고 있다. (X)
- 아이들이 옷을 입은 채 분수에 뛰어들었다. → 아이들이 옷을 입은 척 분수에 뛰어들었다. (X)

그렇다면 다음 두 문장은 맞는 것일까, 틀린 것일까? 맞는다면 어떤 의미의 차이가 있을까?

친구가 지나가는데 못 본 채 다른 곳을 보았다.
친구가 지나가는데 못 본 체 다른 곳을 보았다.

두 문장 모두 맞다. 단 전하고자 하는 뜻은 엄연히 다르다. 위 문장
은 친구의 모습을 미처 보지 못하고 시선을 돌린 것이고, 아래 문장
은 친구가 가는 모습을 보았지만 못 본 척하며 시선을 돌린 것이다.

"옛부터 전해 오는 이야기"
"예부터 전해 오는 이야기"

옛
지나간 때의.

예
아주 먼 과거.

　미자 씨는 시립 도서관에서 아이들에게 책을 읽어 주는 봉사를 한다. 매일 동화책 여러 권을 읽으며 아이들이 좋아할 만한 이야기를 고른다. 아이들이 가장 좋아하는 이야기는 옛날이야기이다. 그래서 미자 씨는 전설, 민담과 같은 옛이야기를 많이 모아 아이들에게 들려주곤 한다.

　그리고 옛날이야기나 전설이 시작될 때면 반드시 나오는 '옛

날 옛적에', '**옛**부터'라는 구절은 아이들뿐 아니라 미자 씨도 참 좋아해서 애착을 갖고 읽는 부분이다. 어느 날 미자 씨는 한 칼럼에서 '**옛**부터'는 틀린 표현이라는 글을 읽었다. 그리고 올바른 표현은 '**예**부터' 또는 '**예**로부터'라는 사실을 알게 되었다.

"헉! '**옛**부터'가 틀린 말이라고? 그렇다면 이제까지 내가 아이들에게 잘못된 표현을 알려 주고 있었단 말이야!"

깜짝 놀란 미자 씨는 인터넷에서 **예**와 **옛**에 대해 찾아본 뒤 관련된 표현들도 찾아보았다. 이해되는 내용도 있지만 문법과 관련된 내용이라 그런지 어렵고 잘 이해되지 않는 부분이 있었다. 특히 그동안 아이들에게 동화책을 읽어 주는 게 아니라 미자 씨가 알고 있는 옛날이야기를 들려줄 때 늘 하던 말인 '**옛**부터'라는 말을 앞으로는 '**예**(로)부터'라고 해야 한다는 것이 납득이 잘되지 않았다. 입에 익어선지 '**옛**부터'는 발음이 확실한데 '**예**(로)부터'는 발음이 심심하고 어딘가 어색한 느낌마저 들었다. 미자 씨의 고민은 어떻게 해결할 수 있을까?

보통 '예부터'보다는 '옛부터'를 많이 쓸 것이다. 이번 기회에 '옛'과 '예'의 뜻과 쓰임을 정확하게 알아 두도록 하자.

옛은 '지나간 때의'라는 뜻의 관형사이므로 뒤에 오는 명사를 꾸미거나 합성어를 만든다. 조금 더 자세히 설명하자면 '옛 자취', '옛 추억', '옛 친구'와 같이 명사를 수식하는 경우와 '옛말',

'옛일', '옛정', '옛집'과 같이 명사와 결합해 아예 명사를 만드는 경우가 있다.

예는 '아주 먼 과거'라는 뜻의 명사이며, 따라서 조사와 결합할 수 있다. 이를테면 '예나 다름없는 다정한 모습'이나 '괴팍한 성격은 예나 지금이나 변함이 없다', '예(로)부터 내려온 이야기'와 같이 쓰인다. 또 접미사 '-스럽다'가 '예'와 결합하면 '예스럽다'라는 형용사가 만들어지고 '예스러운 분위기가 난다'와 같이 쓰인다.

이제 '옛부터'가 아니라 '예부터' 또는 '예로부터'가 맞춤법에 맞는 까닭을 분명하게 이해했을 것이다. 그러니 아이들에게 옛날이야기를 들려줄 때 '옛부터 내려오는 무서운 이야기'라거나 '옛부터 이어져 온 전통'과 같이 말하지 말고 맞춤법에 맞게 '예로부터 내려오는 무서운 이야기', '예부터 이어져 온 전통'이라고 해야 한다. 반드시 기억해 두자.

미자 씨는 며칠 동안 **옛**과 **예**를 열심히 공부한 뒤 앞으로 아이들에게 옛날이야기를 들려줄 때는 이렇게 말해야겠다고 거울을 보며 연습했다.

"얘들아, 오늘은 **예**부터 전해 내려오는 팥죽 할머니 이야기를 들려줄게."

자, 그럼 '옛'과 '예'를 다시 한번 확인해 보자.

◎ **옛** : 지나간 때의.

'옛'은 관형사이므로 조사와 결합할 수 없으며 명사 앞에 와서 쓰인다. 또한 '옛날', '옛이야기', '옛적'과 같이 명사와 결합해 합성어가 되기도 한다.

- ◆ 그는 옛 기억들을 떠올렸다.
- ◆ 다시 찾은 고향집은 옛 모습 그대로이다.
- ◆ 이 거리에는 아직 옛 자취가 남아 있다.
- ◆ 옛 친구는 언제 만나도 좋다.
- ◆ 앨범을 보면 옛 추억이 떠오른다.

◎ **예** : 아주 먼 과거.

'예'는 명사이므로 조사가 뒤에 붙어 '예나 지금이나', '예부터', '예로부터'와 같은 말이 만들어진다.

- ◆ 예나 지금이나 예절은 중요한 덕목이다.
- ◆ 그의 성격은 예나 지금이나 조금도 달라지지 않았다.
- ◆ 예부터 내려오는 풍습이 많이 사라졌다.
- ◆ 예로부터 전해지는 전설 같은 이야기가 사실로 밝혀졌다.

◆ 예부터 우리는 명절에 가족이 모이는 것을 소중하게 여겨 왔다.

*'예'는 명사이지만 '옛'이 관형사이므로 이 장에서 다룬다.

-대, -데

'-대'와 '-데' 역시 글자도 비슷하고 발음도 비슷해서 적절하게 구분해서 쓰기란 쉬운 일이 아니다. 그래서 사람들이 많이 틀리는 단어이고, 확실하게 구분할 수 있느냐고 물으면 자신 없어 하는 단어이다. '-대'와 '-데'는 일상에서 나누는 대화 중에는 발음이 비슷하니까 굳이 구분하지 않지만, 글로 적을 때는 뜻을 분명하게 알아야 한다. 다음 문장에서는 어느 것을 써야 하는지 맞춤법 실력을 점검해 보고 이야기를 풀어 가자.

영준이는 오늘도 모임에 늦는대?
영준이는 오늘도 모임에 늦는데?

어제 보니 미현이는 하나도 안 변했대.

어제 보니 미현이는 하나도 안 변했데.

여러분의 선택이 맞았는지 다음 설명을 읽으며 확인해 보자.

'-대'는 다음의 세 가지 뜻과 용법으로 쓰인다.

첫째, ① 남이 말한 것을 들어 이미 알고 있는 내용을 간접적으로 전달하거나, ② 상대방이 다른 사람에게 들은 내용을 확인하며 물을 때 사용한다. 설명이 복잡해 보이지만 '철수는 오후에 학원에 간대'는 ①에 해당하고, '철수는 오후에 학원에 간대?'는 ②에 해당한다.

둘째, 놀랍거나 못마땅한 상황에 대한 의문을 나타낼 때 사용한다. 예를 들어 무리한 일을 하게 되어 불만인 뉘앙스가 담긴 '이 많은 일을 언제 끝낸대?'가 이에 해당한다.

셋째, '-ㄴ다고 해'의 줄임말이다. 예를 들어 '그 사람은 오늘 참석 못 한다고 해'를 줄여 '그 사람은 오늘 참석 못 한대'로 쓴다.

- 다음 주에 영어 단어 시험을 본대.
- 비가 언제 그친대?
- 대체 야근은 언제까지 해야 한대?
- 내일도 그 드라마 방영 안 한대.

'-데' 역시 세 가지 뜻과 용법으로 쓰인다.

첫째, 말하는 이가 과거에 경험하여 알게 된 사실을 현재에 말할 때 쓰는 종결 어미*이다. 누군가에게 그때의 일을 보고하듯이 전할 때 쓰는 말로 '-더라'와 같은 의미이다. 예를 들어 '어제 보니 듣던 대로 영미는 얼굴이 예쁘던데(예쁘더라)'가 이에 해당한다.

둘째, '-는데'의 꼴로 연결 어미로 사용된다. 즉 '-다. 그런데'를 줄여 쓴 말이다. '큰 가방을 가져갔다. 그런데 필요 없더라'가 '큰 가방을 가져갔는데 필요 없더라'가 되는 것이다.

셋째, **감탄사와 의문사로 사용된다.** '산 정상 위에서 바라보니 굉장하던데!'는 감탄사, '누가 노래를 제일 잘 부른데?'는 의문사이다.

- 아까 보니 미영이가 울고 있던데.
- 급히 뛰어갔는데 버스를 놓치고 말았다.
- 오늘 영주가 뛰는 걸 보니 진짜 빠르데!
- 정훈이는 내일이 시험이라면서 아직도 자고 있던데?

이제 처음 문장으로 돌아가자. 첫 번째 문장은 상대방이 다른 사람에게 들은 내용을 확인하며 묻는 것이므로 '영준이는 오늘도 모임에 늦는대?'가 맞다. 두 번째 문장은 말하는 이가 직접 경험한 사실을 말하는 것이므로 '어제 보니 미현이는 하나도 안 변했데'가 맞다.

*종결 어미_서술어에 더해져 문장을 끝내는 어미로, 이 종결 어미에 따라 문장의 성격이 달라진다. 서술어에는 동사, 형용사가 있으며 동사에 어떤 종결 어미가 더해지느냐에 따라 평서문, 감탄문, 의문문, 명령문, 청유문이 된다. 또 형용사에 붙는 종결 어미에 따라서는 평서문, 감탄문, 의문문이 된다.

"안 먹을 거야"
"먹지 않을 거야"

안
'아니'의 준말.

않
'아니하다'의 어간
'아니하'의 준말.

유경이는 수행 평가 글쓰기를 하거나 계획서 또는 보고서와 같은 글을 쓸 때, 또 일상에서 문자 메시지 등을 남길 때마다 **안**과 **않**의 쓰임에 걱정이 앞선다. 맞게 쓸 때도 있지만, 수행 평가지에 선생님께서 빨간색 펜으로 **안**과 **않**을 체크하신 것을 볼 때마다 창피하고, 초등학생도 아닌데 아직도 맞춤법이 틀렸다는 지적을 받는 게 속상하다.

오늘은 국어 시간에 '올바른 발음과 표기' 단원을 배우며 맞춤법 형성 평가를 했는데, 다음 일기에 들어갈 말로 **안**과 **않** 중 하나를 선택해 쓰라는 문제가 있었다. 유경이는 솔직히 **안**과 **않**을 적용하는 데 확신이 들지 않았다. 고민하다가 하는 수 없이 **안**과 **않** 중 하나를 찍어야 했다.

> 오늘은 오전에 체육 수업을 두 시간이나 해서 너무 피곤했다. 점심 시간에 친구들과 함께 하려던 모둠 과제를 ＿＿＿하고 교실 뒤에 있는 벤치 의자에 누워 잠을 잤다. 얼마를 잤을까? 아이들이 떠드는 소리가 들려 실눈을 뜨고 잠에서 깨려는데 영진이가 내 팔을 흔들며 말했다.
> "수철아, 지금 2반과 3반이 족구 시합하는데 같이 구경 가지 ＿＿＿을래?"

유경이는 둘 다 **않**이라고 답을 적었다.

'**안**과 **않**을 하나씩 쓸까? 아냐, 그랬다가 다 틀리면? **안**이 맞을까?'

이렇게 고민했지만 유경이는 어쩐지 둘 다 **않**이 맞을 것 같았다. 그런데 정답을 맞춰 보니 하나만 맞았다.

여러분이 위의 문제를 유경이와 같이 풀어 보았다면 무엇을 택했을까? 첫 번째는 '모둠 과제를 **안** 하고'라고 해야 하고, 두 번째는 '구경 가지 **않**을래?'라고 해야 한다.

두 문제를 다 맞혔다면 '안'과 '않'을 어느 정도 구분할 줄 아는 사람이다. 그렇다면 다음 문제를 풀어 보며 '안', '않'을 자세히 알아보도록 하자.

① 젊은 사람이 노약자석에 앉으면 안 돼요.
　젊은 사람이 노약자석에 앉으면 않돼요.

② 공부는 하지 안고 게임만 하면 어쩔 셈이야?
　공부는 하지 않고 게임만 하면 어쩔 셈이야?

③ 실물을 보니 그 애는 별로 안 예쁜 것 같아.
　실물을 보니 그 애는 별로 않 예쁜 것 같아.

④ 나는 어제 학교에 가지 안았다.
　나는 어제 학교에 가지 않았다.

⑤ 그 노래는 이제 안 듣고 싶다.
　그 노래는 이제 않 듣고 싶다.

정답을 먼저 확인해 보면 ①, ③, ⑤는 **안**이고 ②, ④는 **않**이 맞다.

잘 알고 있듯이 '안'과 '않'은 어떤 말과 행동을 부정할 때 사용하는 말이다. '안'은 '아니'의 준말이고, '않'은 '아니하다'의 어간 '아니하'의 준말이다. 따라서 문장을 쓸 때 '아니'를 넣어 자연스러우면 **안**을, '아니하'를 넣어 자연스러우면 **않**을 쓰면 된다. 이를테면 다음과 같이 말이다.

그건 안 된다. = 그건 아니 된다. (O)
그렇지 않다. = 그렇지 아니다. (X)

반대로 대입해 보면 확실하게 이해가 갈 것이다.

그건 안 된다. = 그건 아니하 된다. (X)
그렇지 않다. = 그렇지 아니하다. (O)

이제 '안'과 '않'의 품사와 역할을 살펴보자.
'아니'의 준말 '안'은 부사이므로 뒤에 오는 형용사나 동사를 부정할 때 사용하며 뒤의 말과 띄어서 쓴다.

안 예쁘다 : 형용사 '예쁘다'를 부정하는 부사 '안'
안 먹는다 : 동사 '먹는다'를 부정하는 부사 '안'

앞에 나온 말의 동작이나 상태를 부정할 때 사용하는 '않'은 '아니하'의 준말로 '-지 않다' 형태로 쓴다. '않다(= 아니하다)'는 부정하는 말에 따라 보조 동사,* 보조 형용사로 성격이 바뀌며 '않아', '않게', '않지', '않고', '않은', '않아서', '않으며' 등으로 활용된다.

예쁘지 않다 : 형용사 '예쁘다'를 부정하는 보조 형용사 '않다'의 어간 '않'

먹지 않다 : 동사 '먹다'를 부정하는 보조 동사 '않다'의 어간 '않'

이 둘을 정말 쉽게 구분하는 방법을 소개하겠다. 예를 들어 '나는 과자를 안/않 먹었다'라는 문장이 있다면 부정의 '안/않'을 빼고 '나는 과자를 먹었다'로 읽어 본다. 이때 문장이 성립되면 '안'을 쓰는 것이 맞다. 반면에 '나는 과자를 먹지 안/않았다'에서 '안/않'을 빼면 '나는 과자를 먹지 았다'가 되어 문장이 성립하지 않는다. 이때는 '않'을 쓴다. 정리하자면 뭔가를 부정하는 문장에서 '안' 또는 '않'을 가리고 읽어 자연스러우면 '안', 부자연스러우면 '않'을 쓰면 맞는다.

나는 과자를 안 / 않 먹었다. → 나는 과자를 먹었다. (O) → 나는 과자를 안 먹었다.

나는 과자를 먹지 안 / 않았다. → 나는 과자를 먹지 았다. (X) → 나는 과자를 먹지 않았다.

마지막으로 진짜 꿀팁을 하나 더 알려 주자면, '안 먹어'처럼 뒤의 말을 부정하면 '안'을 쓰고, '먹지 않는다'처럼 앞의 말을 부정하면 '않'을 쓰면 된다. 그리고 '예쁘지', '먹지', '뛰지'처럼 앞의 말에 '-지'가 있으면 '않'이 온다.

자, 그럼 '안'과 '않'을 다시 한번 확인해 보자.

◎ **안 :** '아니'의 준말. 용언 앞에 쓰여 부정이나 반대의 뜻을 나타내는 말.

'안 먹다', '안 귀엽다', '안 가다'와 같이 용언(동사·형용사) 앞에 와서 용언의 의미를 부정한다. 그리고 다음에 오는 말과 띄어 쓴다.

- ◆ 저 꽃은 안 예쁘다.
- ◆ 여기에 쓰레기를 버리면 안 돼.
- ◆ 영수는 키에 비해 다리가 안 길다.
- ◆ 투표 안 한 사람이 한 명도 없었다.
- ◆ 나는 5일 동안 단식이라 밥을 안 먹어.

◎ **않** : '아니하다'의 어간 '아니하'의 준말. 앞에 온 동작이나 상태를 부정하는 뜻을 나타내는 말.

'먹지 않다', '귀엽지 않다', '가지 않다'과 같이 쓰이는 '않'은 '않다'의 어간으로 앞말의 뜻을 부정하며 '-지 않다' 형태로 쓰인다.

◆ 그렇게 하는 것은 옳지 않다.

◆ 나는 가깝지 않은 곳도 걸어다닌다.

◆ 건물 상태가 좋지 않아 수리를 해야겠다.

◆ 이 맛있는 음식을 먹지 않다니 이상하다.

◆ 왜 그림을 그리지 않니?

---

*'않'의 기본형 '않다'는 뒤에 오는 말에 따라 보조 동사, 보조 형용사로 성격이 바뀌는데 '안'의 본말 '아니'가 부사이므로 이 장에서 다룬다.

*보조 동사_본동사와 연결되어 그 풀이를 도와주는 동사로 조동사라고도 부른다. 이를테면 '공책을 책상에 놓아 두다'에서 '두다', '낯선 음식을 먹어 보다'에서 '보다'가 보조 동사이다. 보조 동사에는 부정을 나타내는 '아니하다'(먹지 않다), '말다'(먹지 말라), 사동을 만드는 '하다'(먹게 하다), '만들다'(먹게 만들다), 진행을 나타내는 '가다'(더워 가다), 봉사를 나타내는 '주다'(들어 주다) 등 매우 다양한 의미와 단어가 있다.

-장이, -쟁이

접미사 '-장이'와 '-쟁이'는 일상에서 많이 쓰지만 쓰임을 혼동하거나 둘 중 하나만 맞춤법에 맞는 말로 오해하여 잘못 사용하곤 한다. 다음 문장 중 맞는 것은 무엇일까?

너 같은 거짓말<u>장이</u>와는 말하고 싶지 않아.
너 같은 거짓말<u>쟁이</u>와는 말하고 싶지 않아.

'-장이'와 '-쟁이'에 대해 자세히 알아보며 어느 것이 맞는지 확인해 보자.

-장이는 '어떠한 기술을 가지고 있는 사람'을 가리킬 때 쓰는 말이다. 특히 손으로 물건을 만들거나 수리하는 사람을 가리킬 때 쓴다. 예를 들어 대장간에서 일하는 사람은 '대장장이', 도배를 전문적으로 하는 사람은 '도배장이', 옹기그릇을 만드는 사람은 '옹기장이'라고 한다.

이외에도 돌로 물건을 만드는 '석수장이', 벽이나 바닥에 시멘트나 흙을 바르는 일을 하는 '미장이', 페인트 칠을 하는 '칠장이', 양복 만드는 일을 하는 '양복장이', 땜질을 하는 '땜장이', 간판을 그리거나 만들어 파는 일을 하는 '간판장이' 등이 있다. **-장이는 이처럼 그 일과 관련된 기술을 가진 사람이라는 뜻을** 더하는 접미사이다. 장인을 떠올리면 쉽다.

- 수철이는 가업을 이어 옹기장이가 되려고 한다.
- 이제는 사라져 가는 대장장이는 쇠를 달구고 망치질해 칼을 만든다.
- 칠장이를 불러 페인트 칠을 다시 했다.
- 목수는 집을 짓고 미장이는 벽을 바르고 청소부는 청소를 한다.

-쟁이는 어떤 낱말 뒤에 붙어 그런 성질을 많이 가지고 있는 사람, 즉 그런 일을 반복적으로 하는 사람을 가리킬 때 쓰는 접미사이다. 고집이 센 사람은 '고집쟁이', 떼를 많이 부리는 아이는 '떼쟁이', 겁이 많은 사람은 '겁쟁이', 멋을 잘 부리거나 멋진 사람은 '멋쟁이', 장난이 심하고 짓궂은 아이는 '개구쟁이', 방귀를 자주 뀌는 사람은 '방귀쟁이', 욕을 잘하는 사람은 '욕쟁이'라고 부르는 것처럼 **좋지 않은 버릇이나 독특한 습관, 행동 따위를 가리킬 때 사용하는 말이 -쟁이이다.** 이외에 '욕심쟁이', '수다쟁이', '무식쟁이', '깍쟁이' 등이 있다.

'-쟁이'에는 의미가 하나 더 있는데 바로 이것이 '-장이'와 헷갈리게 만들거나 둘 중 하나는 틀린 거라고 착각하게 만든다. **-쟁이는 '-장이'와 마찬가지로 그 일과 관련된 기술을 가진 사람을 가리킬 때 쓰는데, 다만 낮잡아 부르는 뉘앙스가 된다.** 관상가를 낮잡아 이르는 '관상쟁이', 이발사를 낮잡아 이르는 '이발쟁이', 화가를 낮잡아 이르는 '그림쟁이', 노래를 부르는 일이 직업인 '소리쟁이', 글 쓰는 작가를 낮잡아 이르는 '글쟁이' 등이 있다.

- 말이 많은 수아는 수다쟁이라는 별명이 있다.
- 떼쟁이 경수가 어쩐 일인지 풀이 죽었다.
- 지금은 예술가로 불리지만 예전에는 그림쟁이, 소리쟁이로 낮추어 불렸다.
- 오늘은 이발소에 이발쟁이가 없어 머리를 못 자른다.

맨 앞에서 제시한 문장은 '거짓말쟁이'가 맞는 말이다.
마지막으로 '-쟁이'는 덩굴 식물인 담쟁이, 곤충인 소금쟁이와 같이
동식물 이름에도 쓰인다는 점도 알아 두자.

"그는 학생이에요"
"그는 가수예요"

◎ -에요
'이다'나 '아니다'의 어간 뒤에
붙는 어미.

◎ -예요
'-이에요'의 준말.

　유진이는 남자 친구에게 보낼 문자 메시지를 쓰고 있다. 친구의 소개로 만난 지 얼마 안 된 데다가 자신보다 한 살 많은 오빠여서 아직은 존댓말을 쓰는 중이다. 평소에는 문자 메시지를 자주 보내오는 남자 친구가 이상하게 오늘은 하루 종일 연락이 없었다. 그래서 궁금하기도 하고 걱정되기도 해 "오빠, 지금 어디 **예요?**"라고 쓴 문자 메시지를 보내려다 말았다. 말끝을 **-에요**

로 써야 할지, -예요로 써야 할지 오늘따라 망설여졌기 때문이다. '어디에요?', '어디예요?', 문자를 썼다 지웠다를 되풀이했지만 자신없기는 마찬가지였다. 유진은 하는 수 없이 종이 위에 써 보았다.

　오빠, 지금 어디에요?
　오빠, 지금 어디예요?

　그래도 여전히 어느 것이 맞는지 확신이 서지 않아 결국 문자 메시지를 보내지 못했다. 혹시 맞춤법이 틀린 내용을 보냈다 웃음거리가 되고 싶진 않았다. 그 대신 -에요와 -예요를 검색해 쓰임을 확인해 보기로 했다.

　'-에요'와 '-예요'는 일상생활에서 무척 자주 쓰는 말이지만, 어느 때 어느 것을 써야 하는지 잘 알고 있는 사람이 그리 많지 않다. 하지만 몇 가지 원칙을 알고 나면 얼마든지 올바르게 구별하여 사용할 수 있다.
　-에요는 조사 '이다', 형용사 '아니다'의 어간 '이'와 '아니' 뒤에 붙어 '-이에요', '아니에요'가 되어 구어 해요체를 만든다. 이를테면 '나는 학생이다'는 '나는 학생이에요'가, '나는 학생이 아니다'는 '나는 학생이 아니에요'가 되어 일상의 대화에서 쓰는 표

현이 되는 것이다. 그리고 '-예요'는 '-이에요'가 줄어든 말이다.

그러면 언제 '-에요'로 쓰고 언제 '-예요'를 써야 하는 것일까? 구분하는 원리를 살펴보자.

첫째, 받침이 있느냐 없느냐이다. 받침이 있으면 '-에요'를, 없으면 '-예요'를 써야 맞춤법에 맞는 표현이다.

가방에 있는 건 책이에요.

가방에 있는 건 노트예요.

'-예요'는 '-이에요'가 줄어든 말이니 '노트이에요'로 써도 맞는 게 아니냐고 할 수 있지만, 이때는 '-예요'만 쓴다.

제 핸드폰은 아이폰이에요.

이래 봬도 어엿한 사회인이에요.

손에 들고 있는 건 뭐예요?

방금 통화한 사람은 언니예요.

둘째, '-에요'만 써야 하는 경우가 있는데 바로 '아니에요'이다. '아니다'의 어간 '아니'에는 받침이 없지만 '에요'가 와서 '아니에요'가 되고 '아녜요'로 줄여서 쓰기도 한다. 이를테면 '동생이 먹은 게 아니에요', '몰라서 물어본 건 아니에요'와 같이 된다.

셋째, 위와는 반대로 '-예요'만 써야 하는 경우가 있는데 사람 이름이다. 받침이 없는 이름은 첫째 원리에도 해당하므로 예외로 생각하지 않아도 되지만 진영, 재현처럼 받침이 있는 이름에도 '-예요'가 와야 한다. 이때는 받침이 있는 이름에 '이'를 더하고 '-예요'를 붙여 '진영이예요', '재현이예요'가 된다.

자, 그럼 '-에요'와 '-예요'를 다시 한번 확인하자.

◎ **-에요** : '이다'와 '아니다'의 어간 뒤에 붙는 어미. 설명·의문의 뜻을 나타내는 종결 어미.

'사람이에요', '사람이 아니에요'와 같이 '-에요'는 '이다'와 '아니다'를 해요체로 표현할 때 '-이에요', '아니에요'로 쓰고 받침 없는 단어 뒤에 온다.

- ◆ 이것은 책이에요.
- ◆ 그것은 내 연필이 아니에요.
- ◆ 우리는 대한민국 국민이에요.
- ◆ 캥거루는 두 발로 뛰는 동물이에요.
- ◆ 이것은 먹는 버섯이 아니에요.

◎ **-예요** : '-이에요'의 준말. 설명·의문의 뜻을 나타내는 종결 어미.

'미녀예요', '나예요', '할 거예요', '보미예요', '재찬이예요'와 같이 받침이 없는 말과 이름 뒤에 쓴다.

- ◆ 그녀는 인기 있는 가수예요.
- ◆ 이 옷은 동생 것이 아니라 내 거예요.
- ◆ 우리 집 고양이는 입양한 고양이예요.
- ◆ 그 사람은 왜 그렇게 변한 거예요?
- ◆ 제 이름은 은찬이예요.

여기까지 모두 이해했다면 유진이가 남자 친구에게 보낼 문자 메시지가 '오빠, 지금 어디예요?'였음을 알았으리라 믿는다.

조사 '만큼', 의존 명사 '만큼'

'만큼'은 앞에 오는 말에 따라 품사가 달라지고, 따라서 띄어쓰기가
달라진다.

집을 대궐만큼 크게 짓다. : 조사
노력한 만큼 대가를 얻다. : 의존 명사

조사로서의 '만큼'에는 두 가지 뜻이 있다.

첫째는 '사랑만큼', '엄마만큼', '밥만큼', '그만큼', '너만큼'과 같이
**명사, 대명사 즉 체언 뒤에서 앞말과 비슷한 정도나 한도임을 나타
낸다.** 조사이므로 당연히 체언과 붙여 쓴다. 둘째는 체언 뒤, 그리고
조사 '에게', '에서' 뒤에서 앞말에 한정됨을 나타낸다.

- 하늘만큼 땅만큼 엄마가 좋다.
- 나도 마리만큼 공부를 잘하고 싶다.
- 우리 엄마는 다른 건 몰라도 음식 솜씨만큼은 최고다.
- 수학에서만큼은 누구도 형을 따라오지 못한다.
- 아무리 말썽쟁이라 해도 부모에게만큼은 귀한 자식이다.

의존 명사로서의 '만큼' 또한 두 가지 뜻이 있는데 하나씩 보자.

'아는 만큼', '할 만큼', '기쁠 만큼', '예쁜 만큼'과 같이 **동사와 형용**

사, 즉 용언 뒤에 오면 의존 명사가 되고 띄어 써야 한다. 이때의 용언은 꾸미는 기능을 하는 관형사형 용언*으로 동사나 형용사가 ㄴ, ㄹ로 끝난다. 위의 예를 다시 보면 '아는 만큼', '할 만큼'은 동사 '알다', '하다'가 ㄴ과 ㄹ로 끝나고 '기쁠 만큼', '예쁜 만큼'은 형용사 '기쁘다', '예쁘다'가 ㄴ과 ㄹ로 끝나 관형사형 용언이 되어 '만큼'을 꾸민다. **여기에서의 만큼은 앞 내용과 비슷한 수량, 정도임을 나타낸다.** 예문으로 보자면 다음과 같다.

- 뷔페식당에서는 먹을 만큼만 가져가세요.
- 그 기계는 비싼 만큼 조심조심 다뤄야 한다.
- 쥐 죽은 듯이 고요할 만큼 깊은 밤이었다.

그다음은 ㄴ과 '던'으로 끝나 관형사형 용언이 된 동사나 형용사에 붙어 뒤 내용의 원인이나 근거가 됨을 나타낸다. 예문으로 보자면 다음과 같다.

- 이번 시험이 중요한 만큼 열심히 공부했다.
- 꼭 붙으리라 기대하던 만큼 실망이 컸다.
- 물고기가 살 만큼 강물이 깨끗해졌다.

'만큼'의 띄어쓰기가 헷갈린다면 지금까지 본 것처럼 앞말을 보고 구분하면 된다. ㄴ과 ㄹ, '던'으로 끝나는 동사와 형용사 뒤의 '만큼'

은 의존 명사이므로 띄어 써야 한다. 그리고 명사와 대명사, '에게', '에서' 뒤의 '만큼'은 조사이므로 앞의 말에 붙여 써야 한다.

*관형사형 용언_관형사형 어미 '-ㄴ', '-ㄹ', '-는', '-던' 따위와 결합하여 체언을 수식하는 용언. '무거운 짐', '기쁠 순간', '먹던 사과', '들리는 소리'에서 '무거운', '기쁠', '먹던', '들리는'이 관형사형 용언이다.

높임 표현을 해야 하는 이유

서울의 한 초등학교에서 전교생에게 존댓말(높임말)을 사용하게 하는 실험을 했다. 점심시간, 청소 시간, 칭찬과 꾸중을 할 때에도 존댓말을 썼다. 아이들에게 어떤 변화가 일어났을까? 실험 결과 교내에서 난무하던 욕설이 사라지고 싸움과 왕따도 눈에 띄게 줄어들었으며, 당연히 바른말과 고운 말이 정착했다고 한다. '존댓말의 힘'이 증명된 사례이다.

존댓말은 상대방을 존중하고 배려하는 말이다. 존댓말이라는 거름망에 걸러 내고 나면 막말이나 욕설은 위력을 잃는다. 존댓말을 사용하면 자연스럽게 상대방을 예의 바르게 대하는 태도를 갖게 되고, 공감 능력이 키워지며 전두엽 발달이 촉진된다고 한다. 감정 조절, 계획의 수립과 실행, 창의성, 사고 인지 등의 능력을 담당하는 영역인 전두엽이 발달하면 인성과 사회성, 센스를 작동시키기 때문이다.

우리말에는 존댓말과 반말이 있다. 같은 의미를 다른 낱말로 표현하는 것이다. 학교 안팎에서 만나는 원어민 선생님이나 외국인은 한국어를 배우고 말하는 데 가장 어려운 요인으로 하나같이 존댓말, 높임 표현을 꼽는다. 그만큼 존댓말 쓰기가 쉽지 않다. 우리는 존댓말을 배우고 사용하면서 높은 수준의 언어 감각을 익힌다. 또 어떤 사람에게 존댓말을 써야 하는지 판단하는 과정에서 논리력과 상황 판단력도 길러진다.

높임법에는 직접 높임, 간접 높임, 객체 높임 세 종류가 있다. 직접 높임은 '아버님', '어머님', '선생님'과 같이 높임의 대상을 직접 높이는 것이다. '진지'(밥), '따님'(딸), '댁'(집)과 같이 높임을 받는 대상과 관계있는 인물이나 소유물을 높이는 것이 간접 높임이다. 마지막으로 객체 높임은 '뵙다'(보다), '여쭙다'(말하다), '드리다'(주다)와 같이 주체의 행위가 미치는 대상 즉 객체를 높이는 표현이다.

예를 들어 "수진이는 할아버지를 모시고 병원에 갔다"라는 문장을 보자. 여기에서 서술어 '모시고'는 객체인 할아버지를 높이는 말이다. '갔다'라는 서술어는 주체인 수진이의 행위이므로 높임말을 사용하지 않는다. 만약 서술어의 객체인 '할아버지'를 '동생'으로 바꾸면 어떻게 될까? "수진이는 동생을 데리고 병원에 갔다"가 된다. '모시고'와 '데리고'의 대상이 누구냐에 따라 달라지는 예이다.

높임 표현을 만드는 몇 가지 방법을 알아 보자.

우선 '진지', '댁', '계시다'(있다), '연세'(나이) 같은 존대의 의미가 담기는 어휘를 사용한다. 서술어에 어미 '-시-'를 넣어 '하다'를 '하시다'로, '오다'를 '오시다'로, '크다'를 '크시다'로 바꾸면 존댓말이 된다. 그리고 '할아버지께서', '어머니께서', '선생님께서'와 같이 주어의 조사를 바꾸어 높임 표현을 만들기도 한다.

그런데 존댓말 사용에서 오류를 범하는 경우가 의외로 많다. 가령

'할아버지께서는 오늘도 집에 있다'라는 문장에서는 조사를 높임 표현을 쓴 것처럼 '있다' 역시 높임 표현을 써야 한다. 따라서 '할아버지께서는 오늘도 집에 계신다'라고 해야 맞다.

이번에는 '교장 선생님의 인사 말씀이 계시겠습니다'라는 예를 보자. 높여야 하는 대상은 '교장 선생님'인데 '말씀'을 높인 표현이다. 그리고 '계시다'는 인물을 직접적으로 높일 때만 사용하는 말이다. 따라서 '교장 선생님께서 인사 말씀을 하시겠습니다' 또는 '교장 선생님의 인사 말씀이 있겠습니다'와 같이 써야 한다.

흔하게 잘못 쓰는 높임 표현에 '수고하세요', '수고하셨습니다'라는 말이 있다. '일을 하느라고 힘을 들이고 애를 쓰다'라는 뜻을 가진 '수고하다'는 상대방이 애쓴 것을 칭찬하거나 계속 애쓰라는 뉘앙스를 갖고 있어 윗사람에게 사용하기에는 부적절한 말이다. 상황에 맞는 '감사합니다', '먼저 가 보겠습니다', '내일 뵙겠습니다' 같은 다른 인사말로 대신하는 것이 좋다.

마지막으로 일상생활에서 자주 듣는 '선생님, 3학년 선배님은 좀 이따가 오신대요' 식의 말이 있다. 이 말은 선생님 앞에서 선배를 높이는 높임 표현이다. 학교에서 가끔 이런 말을 들으면 어이가 없다는 생각이 들지만, 학생들에게 제대로 된 존댓말과 높임 표현을 가르치지 못했다는 자책감이 들기도 한다. 이 문장의 경우 잠시 후에 오겠다고 한 주체 즉 선배는 이 말을 전하는 사람보다 손윗사람이지만, 듣는 사람 즉 선생님은 선배보다 손윗사람이므로 잘못된 표현이다. 이때는

'선생님, 3학년 선배는 좀 이따가 온다고 합니다'라고 해야 옳은 표현이 된다.

존댓말은 단순히 말을 높이는 것이 아니라, 높은 수준의 언어 감각을 익히게 해 준다. 존댓말을 잘못 쓰면 어색할 뿐 아니라 자칫 무례해 보일 수 있으므로 올바르게 사용하도록 하자. 그리고 존댓말이든 반말이든 존중과 배려 등의 '따뜻함이 담긴 말'을 사용해야 한다.

첫걸음

매번 틀리고
항상 헷갈리는 맞춤법

〈매번 틀리고 항상 헷갈리는 맞춤법〉에서는 지면의 한계로 본문에서 다루지 못했지만 자주 틀리는 맞춤법을 정리했습니다. 몰라서 잘못 사용하거나 알면서도 헷갈려 적절하게 사용하지 못했던 말들, 어느새 우리의 언어생활에 자리 잡은 잘못된 표현들, 그리고 알아 두면 도움이 되는 원칙 등으로 다양하게 구성했습니다. 한 번에 익숙해지기는 어려울 수 있습니다. 그러나 익숙해지면 여러 유형의 글쓰기에서 유용하게 활용할 맞춤법입니다.

가냘프다(형용사) ○ / **갸냘프다** X / **갸날프다** X
몸이나 팔다리 따위가 몹시 가늘고 연약하다.
- 그렇게 <u>가냘퍼서</u> 투병 생활을 견딜 수 있을지 모르겠다.

가르치다(동사) ○ / **가리키다** ○
가르치다 지식, 기능, 이치를 깨닫거나 익히게 하다.
- 수학을 <u>가르치는</u> 선생님이다.
가리키다 어떤 방향이나 대상을 집어서 말하거나 알리다.
- 선생님께서 가신 방향을 <u>가리켰다</u>.

같이하다(동사) ○ / **같이 하다**(부사 + 동사) ○
같이하다 ① 경험이나 생활 따위를 더불어 하다. ② 어떤 뜻이나 행동 따위를 동일하게 취하다.
- 두 사람은 평생을 <u>같이하려고</u> 결혼한다.
- 우리는 행동을 <u>같이하기로</u> 결정했다.
같이 하다 '둘 이상의 사람이나 사물이 함께'라는 뜻의 부사 '같이'가 동사 '하다'를 꾸민 표현으로, '어떤 행동을 더불어 한다'는 뜻이다.
- 나는 방과 후에 친구와 농구를 <u>같이 했다</u>.
  * '함께하다', '함께 하다'는 '같이하다', '같이 하다'와 의미·쓰임이 동일하다.
  * '같이하다', '함께하다'로 붙여 쓸지, '같이 하다', '함께 하다'로 띄어 쓸지 판단하기 모호할 때가 많은데 붙여 쓰면 어려움·결심·결혼 등 추상적인 개념에서 비롯되는 경험을 공유한다는 뉘앙스가 되고, 띄어 쓰면 운동·여행 등 실제 움직임이 따르는 행동에 중점을 두는 뉘앙스가 된다.

개발새발(명사) ○ / **괴발개발** ○ / **괴발새발** X
글씨를 되는대로 아무렇게나 써 놓은 모양을 이르는 말.
- <u>개발새발</u> 아무렇게나 써서 못 읽겠다.

- 글씨가 괴발개발이라 창피하다

 * '개발새발'은 개의 발과 새의 발, '괴발개발'에서 괴발은 고양이의 발을 나타낸다.

개수個数(명사) ○ / 갯수 ✕

- 도넛이 한 상자에 몇 개 들었는지 개수를 헤아린다.

 * 한자어 단어에는 사이시옷을 넣지 않는다. 단 '곳간(庫間)', '셋방(貰房)', '숫자(數字)',
   '찻간(車間)', '툇간(退間)', '횟수(回數)'는 예외로 인정한다.

 * 사이시옷에 관해서는 128쪽 〈어떻게 구분하지?〉 '머리말, 머릿말'을 보자.

거(의존 명사) ○ / 꺼 ✕

'것'의 구어.

- 이 책 네 거야, 내 거야?
- 그건 수진이 거다(=것이다).
- 요즘은 도무지 재미있는 게(=것이) 없다.

 * 조사 '이다'가 뒤에 오면 '거다'가 되고, 조사 '이'가 뒤에 오면 '게'가 된다.

거름(명사) ○ / 걸음 ○

거름 땅을 기름지게 하여 식물이 잘 자라도록 하기 위해 주는 물질.

- 고추밭에 거름을 준다.

걸음 두 발을 번갈아 옮겨 놓는 동작.

- 빠른 걸음으로 어디를 가니?

거치다(동사) ○ / 걷히다 ○ / 걸치다 ○

거치다 ① 도중에 어디를 지나거나 들르다. ② 어떤 과정, 단계를 밟다.

- 강릉을 거쳐야 가던 길을 KTX 덕분에 곧장 가게 되었다.
- 꼭 내 손을 거쳐야 일이 마무리된다.
- 석사 과정을 거쳐 박사 과정으로 올라갔다.

걷히다('걷다'의 피동) ① 구름, 안개 따위가 없어지다. ② 늘어진 것이 말아 올려지다. ③ 여러 사람에게서 돈 또는 물건이 거두어지다.

- 안개가 걷히기 전까지는 운전하지 않는 게 좋겠다.
- 입구에 있던 발이 걷혀 시원하다.
- 그동안 걷힌 돈이 꽤 된다.

걸치다 ① 일정한 횟수나 시간, 공간을 거쳐 이어지다. ② 어떤 물체를 다른 물체에 얹어 놓다. ③ 옷, 이불 따위를 아무렇게나 입거나 덮다.
- 장장 여섯 시간에 걸쳐 마라톤 회의가 이어지다.
- 일단 선반에 걸쳐 놓아라.
- 추워서 패딩을 걸치고 외출했다.

거치적거리다 = 걸리적거리다(동사)
① 자꾸 여기저기 걸리거나 닿다. ② 성가시어 방해가 되다.
- 컴퓨터 주위를 치웠더니 거치적거리는 게 없어 좋다.
- 일하는 데 자꾸 걸리적거리지 말고 저쪽으로 가 있어.

건드리다(동사) ○ / 건들이다 ✕
① 손으로 만지거나 무엇으로 대다. ② 말이나 행동으로 마음을 상하게 하거나 불쾌하게 만들다. ③ 일에 손을 대다.
- 가방으로 컵을 건드려 깨뜨렸다.
- 소음이 자꾸 신경을 건드려 집중이 안 된다.
- 한 가지를 꾸준히 하지 않고 이것저것 건드린다.

건투(명사) ○ / 권투 ✕
의지를 굽히지 않고 잘 싸움.
- 선수들이 끝까지 건투했지만 패배하고 말았다.
- * 권투는 스포츠 종목 중 하나.

걷잡다(동사) ○ / 겉잡다 ✕
① 한 방향으로 치우쳐 형세를 붙들어 잡다. ② 마음을 진정하거나 억제하다.

- 실수 한 번이 걷잡을 수 없는 사태를 만들었다.
- 커다란 슬픔에 흐르는 눈물을 걷잡지 못 하다.
* 주로 '없다'와 같이 쓴다.

구시렁거리다(동사) ○ / 궁시렁거리다 X
못마땅하여 군소리를 듣기 싫도록 자꾸 하다.
- 구시렁거리지 말고 어서 공부나 해라.

굳이(부사) ○ / 구지 X
고집을 부려 구태여.
- 수철이가 굳이 혼자 가겠다고 해서 어쩔 수 없었다.

그러고 나서 ○ / 그리고 나서 X
집에 돌아왔다. 그러고 나서 저녁을 먹었다. (O)
집에 돌아왔다. 그리고 나서 저녁을 먹었다. (X)
* '먹고 나서', '가고 나서'처럼 '-고 나서'에는 동사만 올 수 있으므로 접속 부사인 '그리고'가 와서는 안 된다. '그러고 나서'의 '그러고'는 동사 '그러다'의 활용형이며, '나서'는 앞말이 뜻하는 행동이 끝났음을 나타내는 보조 동사 '나다'의 활용형이다.

그러고는 ○ / 그리고는 X
집에 돌아왔다. 그러고는 저녁을 먹었다. (O)
집에 돌아왔다. 그리고는 저녁을 먹었다. (X)
* '그리고'는 접속 부사이므로 조사 '는'이 뒤에 올 수 없다.

그새(명사) ○ / 그세 X
'그사이'의 준말.
- 옷 갈아입고 손 닦고 왔더니 동생은 그새 밥을 다 먹었다.
* '요사이'의 준말은 '요새'다.

금세(명사) ○ / 금새 X

'금시에'의 준말. '금시'는 바로 지금.

- 어찌나 잘 먹던지 한 바구니 있던 과일이 금세 사라져 버렸다.

금요일(명사) ○ / 금일 = 오늘 ○

금요일 일주일 중 목요일 다음 날.

- 금요일은 주말을 앞두고 있어 마음이 가볍다.

금일 지금 지나가고 있는 이날. 오늘.

- 과제 제출 마감은 금일입니다.

  * '금일'과 '당일'은 '오늘', '명일'과 '익일'은 '내일'이다.

꺼림직하다 = 꺼림칙하다(형용사) ○

마음에 걸려서 언짢고 싫은 느낌이 있다.

- 아까 친구가 한 말이 어쩐지 꺼림직하다.
- 보미를 혼자 보낸 게 꺼림칙하다.

께름직하다 = 께름칙하다(형용사) ○

마음에 걸려서 언짢고 싫은 느낌이 꽤 있다.

- 과제를 하지 않고 잔 것이 께름직하여 일찍 일어났다.
- 그가 말없이 그냥 돌아가서 께름칙하다.

꼽다(동사) ○ / 꽂다 ○

꼽다 ① 수나 날짜를 세려고 손가락을 하나씩 헤아리다. ② 골라서 지목하다.

- 방학이 얼마나 남았는지 꼽아 보았다.
- 우리 반에서 영어는 재찬이를 꼽는다.

꽂다 ① 쓰러지거나 빠지지 않게 세우거나 끼우다. ② 거꾸로 박히게 내던지다. ③ 시선을 한곳에 고정하다.

- 고상돈 대원은 에베레스트에 올라 태극기를 정상에 꽂았다.

- 그는 쌀자루를 번쩍 들어 바닥에 냅다 꽂았다.
- 떠드는 사람에게 눈길을 꽂더니 매섭게 노려보았다.

끼어들다(동사) ○ / 끼여들다 X
자기 순서나 자리가 아닌 틈 사이를 비집고 들어서다.
- 남의 말에 끼어들지 마라.
- 사람들이 줄을 서 있는 사이를 끼어들어 원성을 샀다.

알아 둡시다   **사동사와 피동사**

주어가 스스로 하지 않고 타인에게 어떤 행위를 하게 함을 표현하는 동사가 사동사, 주어가 타인에게 어떤 행위를 입음을 표현하는 동사가 피동사이다. 사동사는 동사 어간에 '-이', '-히', '-리', '-기', '-우', '-구', '-추'를 더하여, 형용사 어간에 '-이', '-히', '-리', '-기'를 더하여, 명사에 '-시키다'를 더하여 만든다. '먹이다', '벗기다', '덥히다', '정지시키다'가 그 예이다. 피동사는 타동사의 어간에 '-이', '-히', '-리', '-기'를 더하여, 명사에 '-되다', '-당하다', '-받다'를 더하여 만든다. '먹히다', '불리다', '이용되다', '거절당하다'가 그 예이다. 하나의 동사가 사동사와 피동사가 되는 경우도 있다. 이를테면 '손에 흙을 묻히다'에서 '묻히다'는 '묻다'의 사동사이고, '땅속에 보물이 묻히다'에서 '묻히다'는 '묻다'의 피동사이다.
* 사동사에 관해서는 52쪽을, 피동사에 관해서는 28쪽을 보자.

ㄴ

난 = 란(명사) ○

난 구분된 지면. 고유어와 외래어 명사 뒤에 온다.

▪ 어린이난, 칼럼난, 가십난

란 구분된 지면. 한자어 명사 뒤에 온다.

▪ 정답란, 투고란, 독자란

날다(동사) ○ / 나르다 ○

날다 ① 공중에 떠서 다른 위치로 움직이다. ② 어떤 물체가 매우 빨리 움직이다.

▪ 하늘을 나는 새를 하염없이 바라본다.

▪ 그는 날 듯이 달려왔다.

* '날다'의 활용 가운데 '-는'이 붙으면 '날으는'이 아니라 '나는'이 되고, '-니'가 붙으면 '나니'가 되는 점에 주의하자.

나르다 물건을 다른 곳으로 옮기다.

▪ 엄마를 도와 반찬을 날라 저녁 식탁을 차린다.

▪ 이삿짐 일부는 차로 직접 날랐다.

* 보조 동사 '가다'와 결합하면 '날다'는 '날아 가다'가 되고 '나르다'는 '날라 가다'가 되는 점에 주의하자.

낫다(동사·형용사) ○ / 낮다(형용사) ○ / 낳다(동사) ○

낫다 ① 병이나 상처가 고쳐져 본래대로 되다. ② 보다 더 좋거나 앞서 있다.

▪ 몸살로 고생했는데 씻은 듯이 나았다.

▪ 낫기는 개코가 나아. 금방 또 고장이 났는데.

* '①은 동사, ②는 형용사이다.

* '낫기는 개코가 나아'는 조금도 좋을 것이 없다는 의미의 관용구.

낮다 ① 높이 또는 수치, 정도가 기준이 되는 대상이나 보통에 미치지 못하는 상태. ② 품위, 능력, 품질, 지위, 계급이 기준보다 못하거나 보통에 미치지 못하는 상태.

- 책상에 비해 의자가 낮아 불편하다.
- 기온이 높아도 습도가 낮으면 견딜 만하다.
- 인식 수준이 낮아 여성에 대한 성차별이 심하다.
- 경제 수준이 낮다고 행복하지 않은 건 아니다.
- 그 성우의 목소리는 낮으면서도 듣기 좋다.

낳다 ① 아이, 새끼, 알을 몸 밖으로 내놓다. ② 어떤 결과를 이루다. ③ 어떤 인물이 나타나도록 하다.
- 자녀를 낳도록 하는 대책 마련이 시급하다.
- 피땀 흘려 노력하여 훌륭한 결과를 낳았다.
- 한국이 낳은 세계적인 피아니스트들이 각광을 받고 있다.

내로라하다(동사) ○ / 내노라하다 X
어떤 분야를 대표할 만하다.
- 음악제에 내로라하는 연주자들이 참여한다.

너비(명사) ○ / 넓이 ○
너비 평면이나 넓은 물체의 가로로 건너지른 거리. 폭.
- 강의 너비가 생각보다 꽤 넓다.

넓이 일정한 평면에 걸쳐 있는 공간이나 범위의 크기.
- 넓이의 단위가 평에서 제곱미터로 바뀌었다.

넓적하다(형용사) ○ / 널적하다 X
펀펀하고 얇으면서 꽤 넓다.
- 이 접시는 넓적하니 쓸모가 있다.

널찍하다(형용사) ○ / 넓직하다 X
꽤 넓다.
- 저 집은 마당이 널찍하고 텃밭도 널찍하다.

* '넓적하다'는 자음으로 시작된 접미사가 붙어서 된 말은 어간의 원형을 적는다는 규정에 따른 것이다. 또한 '넓적하다'는 [넙쩌카다]로 발음하지만 '널찍하다'는 [널찌카다]로 발음하여 어간의 받침 중 ㅂ이 생략되므로 소리나는 대로 적는다는 규정에 따른 것이다.

넝쿨 = 덩굴(명사) ○ / 덩쿨 X

길게 뻗어 나가면서 다른 물건을 감거나 땅바닥에 퍼지는 식물 줄기.

- 5월이 되면 담장의 넝쿨 장미가 꽃을 피워 아름답다.
- 밭에서는 수박 덩굴이 뻗어 나가고 있다.

녘(의존 명사) ○ / 녁 X

① 방향을 가리키는 말. 쪽. ② 어떤 때의 무렵.

- 들녘([들:력]), 아침 녘, 황혼 녘, 해 질 녘, 저물녘
- 밀레의 〈이삭 줍기〉에는 저물녘 들녘을 배경으로 세 아낙이 그려져 있다.

다리다(동사) ○ / **달이다** ○

다리다 옷이나 천 따위를 다리미로 문지르다.

▪ 바지에 줄이 서도록 다린다.

달이다 ① 액체를 끓여서 진하게 만들다. ② 약재에 물을 부어 우러나도록 끓이다.

▪ 간장을 달여서 온 집 안에 짠 내가 진동한다.

▪ 할아버지께 드릴 한약을 달이는 중이다.

다치다(동사) ○ / **닥치다** ○ / **닫치다** ○ / **닫히다** ○

다치다 신체, 마음, 명예, 재산, 재물에 손상이 생기거나 손상을 입다.

▪ 넘어져서 무릎을 다치는 바람에 절뚝거린다.

▪ 어이없는 패배로 그 선수는 체면을 다쳤다.

▪ 병충해로 뿌리를 다쳐 농사를 망쳤다.

닥치다 ① 어떤 일이나 대상 따위가 가까이 다다르다. ② '닥치는 대로' 꼴. 이것저것 가릴 것 없이 나타난다. ③ 주로 명령형. 입을 다물다.

▪ 자신에게 닥친 시련을 이겨 내다.

▪ 범인은 잡히지 않으려고 닥치는 대로 물건을 집어 던졌다.

▪ 제발 입 닥치고 가만있어라.

닫치다 ① 문, 뚜껑, 서랍을 꼭 또는 세게 닫다. ② 입을 굳게 다물다.

▪ 책상을 정리하고 서랍을 닫치며 퇴근 준비를 한다.

▪ 입 닫치고 가만있어라.

닫히다('닫다'의 피동) ① 문, 뚜껑, 서랍이 제자리로 가 막히다. ② 하루의 영업이 끝나다. ③ 굳게 다물어지다.

▪ 문이 쾅 소리를 내며 닫혀 깜짝 놀라다.

▪ 부리나케 갔는데 은행 문이 닫혀 있었다.

▪ 화가 나 굳게 닫힌 선생님의 입은 좀처럼 열리지 않는다.

닫다(동사) ○ / 닿다 ○

닫다 ① 빨리 뛰어가다. ② 열린 문짝, 뚜껑, 서랍을 제자리로 가게 하여 막다. ③ 끝내다. 마치다. ④ 굳게 다물다.

- 형사는 범인을 잡으려 전속력으로 닫기 시작했다.
- 제발 먹고 나면 물병 뚜껑 좀 닫아라.
- 식당들이 모두 문을 닫은 시간이라 굶어야 했다.
- 아무리 물어도 입을 닫고 대답을 하지 않는다.

닿다 ① 어떤 물체가 다른 물체에 맞붙다. ② 어떤 곳에 이르거나 전달되다. 어떤 대상에 미치다. ③ 기회, 운이 긍정적인 범위에 도달하다. ④ 정확히 맞다.

- 바닷가 모래사장을 걸으니 발에 닿는 촉감이 좋다.
- 버스에서 졸다 옆자리 사람의 어깨에 머리가 닿았다.
- 기회가 닿는다면 명화의 진품을 보고 싶다.
- 형의 말이 조리에 닿고 논리적이라 대꾸하지 못했다.

담가(동사 '담그다'의 활용형) ○ / 담궈 X, 담가서 ○ / 담궈서 X, 담갔다 ○ / 담궜다 X

기본형 '담그다'는 활용할 때 'ㅡ'가 탈락하는 동사이며 의미는 다음과 같다. ① 액체 속에 넣다. ② 김치, 술, 장, 젓갈 등을 만드는 재료를 버무리거나 물을 부어 익도록 넣어 두다.

- 시원한 냇물에 수박을 담가 둔다.
- 오늘 김치를 담가서 피곤하다.
- 예전에는 집마다 간장, 고추장, 된장을 담갔다.

대로(의존 명사·조사) ○ / 데로(의존 명사＋조사) ○

대로 ① 어떤 모양이나 상태와 같이. ② '-는 대로' 꼴. 어떤 상태나 행동이 나타나는 즉시 또는 그 족족. ③ '-ㄹ 대로' 꼴. 어떤 상태가 매우 심하다는 뜻을 나타낸다. ④ '-ㄹ 수 있는 대로' 꼴. 최대한. ⑤ 앞에 오는 말에 근거하거나 달라짐이 없음. 따로따로 구별됨을 나타낸다.

* ①～④는 의존 명사, ⑤는 조사이다.

- 본 대로, 느낀 대로 이야기하다.
- 집에 도착하는 대로 전화할게.
- 되풀이되는 불운에 그는 나약해질 대로 나약해졌다.
- 부탁을 받고 될 수 있는 대로 서둘러 갔다.
- 규정대로 처리하면 문제없다.
- 우리는 우리대로 알아서 갈 테니 너희는 너희대로 움직여라.

* '되는대로'는 띄어쓰기하지 않는 한 단어이다.

데로 곳으로.

- 모이기로 한 데로 가고 있다.

덥다(형용사) ○ / 덮다(동사) ○

덥다 기온이나 사물의 온도가 높다. 체온이 높은 느낌이 있다.

- 올해는 초여름부터 무척 덥다.
- 몸살이니 차가운 음식 대신 더운 국물을 드세요.
- 자다 보면 더워서인지 어느새 이불을 걷어찬다.

덮다 ① 물건이 보이지 않도록 천 등을 씌우다. ② 그릇 같은 것의 아가리를 막다. ③ 펼쳐진 책 등을 닫다. ④ 어떤 사실이나 내용을 그대로 두거나 숨기다.

- 아침 식탁을 상보로 덮어 두다.
- 밥이 마르지 않도록 밥솥 뚜껑을 꼭 덮어라.
- 서진이는 눈이 아파서 책을 덮고 쉰다.
- 지금 그 일을 덮어 두더라도 언젠가 진실은 밝혀진다.

덥히다(동사) ○ / 덮이다 ○

덥히다('덥다'의 사동사) ① 체온이나 사물의 온도를 높이다. ② 마음이나 감정을 흐뭇하게 하다.

- 몸이 얼었으니 아랫목에서 몸을 덥히자.
- 예전에는 장작불로 물을 덥혔다.
- 우리 사회에는 마음을 따스하게 덥혀 주는 아름다운 이야기가 있다.

덮이다('덮다'의 피동사) 앞 '덮다'의 ①~④의 뜻풀이 참고.

- 아침 식탁이 상보로 덮여 있다.
- 밥솥 뚜껑이 꼭 덮여서 밥이 마르지 않는다.
- 펼쳐 놓은 책이 바람에 덮인다.
- 그 일은 오랫동안 덮여 있었지만 진실이 밝혀졌다.

돋우다(동사) ○ / 돋구다 ○

돋우다 ① 끌어 올리거나 쌓아 올려 높아지게 하다. ② '돋다'의 사동사. 감정이 생겨나게 하다. ③ '돋다'의 사동사. 입맛을 당기게 하다.

- 석유곤로는 심지를 돋우어 성냥으로 불을 붙여 사용한다.
- 말대꾸를 해서 어머니의 화를 돋운다.
- 앓고 났으니 입맛을 돋울 음식을 먹는 게 좋겠다.

돋구다 안경의 도수를 높게 하다.

- 안경을 써도 잘 안 보이니 도수를 돋궈야겠다.

돋치다(동사) ○ / 돋히다 X

돋아서 내밀다.

- 신화 속에는 뿔이 돋치고 날개를 가진 동물이 자주 등장한다.

돌멩이(명사) ○ / 돌맹이 X

돌덩이보다 작은 돌.

- 도로 가운데에 돌멩이가 떨어져 있어 위험하다.

돼(동사 '되다'의 활용형) ○ / 되 ○

'돼'와 '되'의 기본형 '되다'는 동사('배우가 되다', '봄이 되다'), '-되다'는 접미사('사용되다', '거짓되다')이다. '돼'와 '되'는 '해'나 '하'로 바꾸어 보아 '해'가 자연스러우면 '돼'로 적고, '하'가 자연스러우면 '되'로 적는다.

- 중학생이 돼면 / 되면 가도 돼 / 되. → 중학생이 해면 가도 해. / 중학생

이 하면 가도 하. → 중학생이 되면 가도 돼.
* 뒤의 '봬요 / 뵈요, 뺄게요 / 뵐게요'도 보자.

되는대로(부사) ○ / 되는 대로 X
① 아무렇게나 함부로. ② 사정이나 형편에 따라. ③ 최대한.
▪ 동생은 항상 가방에 되는대로 넣어 책이 엉망이다.
▪ 푸념을 늘어놓느니 되는대로 시작하자.
▪ 되는대로 서둘러 가겠습니다.

두루뭉술하다(형용사) = 두리뭉실하다 ○
① 모나거나 튀지 않고 둥그스름하다. ② 말이나 행동이 철저하거나 분명하지 아니하다.
▪ 얼굴이 두루뭉술하니 성격이 모나 보이지 않는다.
▪ 자신이 없는지 두리뭉실하게 답한다.

둘러싸다(동사) ○ / 둘러쌓다 ○
둘러싸다 ① 둘러서 감싸다. ② 둥글게 에워싸다. ③ 어떤 것을 행동이나 관심의 중심으로 삼다.
▪ 김치 냄새가 새어 나갈까 봐 비닐로 꽁꽁 둘러싼다.
▪ 선생님을 둘러싸고 수학 풀이에 집중한다.
▪ 신제품의 성능을 둘러싼 반응이 다양하다.
* ②와 ③의 뜻은 '에워싸다'와 동일하므로 두 번째, 세 번째 예문의 '둘러싸고', '둘러싼'을 '에워싸고', '에워싼'으로 바꾸어도 된다. 뒤의 '에워싸다 / 에워쌓다'를 보자.
둘러쌓다 둘레를 빙 둘러서 쌓다.
▪ 저기 담을 높이 둘러쌓은 집에는 누가 사는지 모르겠다.

뒤처지다(동사) ○ / 뒤쳐지다 ○
뒤처지다 능력이나 실력이 모자라 어떤 수준이나 대열에 들지 못하고 남게 되다.
- 어휘력 실력이 뒤처지면 문해력도 뒤처진다.

뒤쳐지다 물건이 뒤집혀서 젖혀지다.
- 태풍이 와서 간판이 뒤쳐지고 조명까지 깨졌다.

때다(동사) ○ / 떼다 ○

때다 불을 지펴 타게 하다.
- 아궁이에 불을 때서 방을 덥힌다.

떼다 ① 붙어 있거나 잇닿은 것을 떨어지게 하다. ② 한 부분을 덜어 내다. ③ 마음이 돌아서거나 눈여겨보기를 그만두다. ④ 장사를 하려고 한꺼번에 많은 물건을 사다. ⑤ 빌려 온 돈 등을 돌려주지 않다.
- 현관문에 붙어 있는 광고 전단을 떼어 낸다.
- 세금과 식비 따위를 떼고 남은 급여를 받는다.
- 그녀는 정을 떼려고 그러는지 시선도 떼고 외면했다.
- 새벽에 도매 시장에서 가서 물건을 떼어 온다.
- 그는 친구에게 돈을 꾸고는 떼었다.

알아 둡시다   **헷갈리는 음식 이름**

가자미 O / 가재미 X	깍두기 O / 깎두기 X / 깍뚜기 X
돈가스 O / 돈가쓰 X	도넛 O / 도너쓰 X
떡볶이 O / 떡복이 X	만둣국 O / 만두국 X
멜론 O / 메론 X	섞박지 O / 석박지 X
설렁탕 O / 설농탕 X	순댓국 O / 순대국 X
아귀탕 O / 아구탕 X	주꾸미 O / 쭈꾸미 X
찌개 O / 찌게 X	케이크 O / 케잌 X

-ㄹ게(어미) ○ / -ㄹ 게 ○ / -ㄹ께 X

-ㄹ게 어떤 행동에 대한 약속, 의지를 나타낸다.

▪ 도착하면 연락할게.

▪ 배고파서 나 먼저 먹을게.

-ㄹ 게 '-ㄹ 것이'의 줄임말.

▪ 조금 늦게 갔더니 먹을 게 남아 있지 않았다.

-ㄹ걸(어미) ○ / -ㄹ 걸 ○ / -ㄹ껄 X

-ㄹ걸 ① 말하는 이의 추측이 상대편이 이미 알고 있거나 기대와 다른 것임을 나타낸다. 가벼운 반박, 감탄이 담긴다. ② 하지 않은 어떤 일에 대한 아쉬움을 나타내는 혼잣말에 쓰인다.

▪ 잘 모르겠지만 과장님은 내일 휴가 가실걸.

▪ 미리 준비해 둘걸.

-ㄹ 걸 '-ㄹ 것을'의 줄임말.

▪ 늦게 오는 사람을 위해 먹을 걸 남겨 둔다.

-ㄹ는지(어미) ○ / -ㄹ런지 X / -ㄹ른지 X

뒤에 오는 일과 관계있는 어떤 일 또는 불확실한 사실의 실현 가능성에 대한 의문을 나타낸다.

▪ 갑자기 떠나게 될는지 예상하지 못했다.

▪ 내일은 또 무슨 일이 벌어질는지 조마조마하다.

-률(접미사) ○ / -율 ○

-률 비율. ㄴ 받침을 제외한 받침이 있는 명사 뒤에 붙는다.

▪ 상승률, 진학률, 출생률, 취업률, 확률

-율 비율. 모음으로 끝나거나 ㄴ 받침이 있는 명사 뒤에 붙는다.

▪ 소비율, 감소율, 증가율, 출산율, 환율

량(명사) ○ / **양** ○

량 한자어 명사 뒤에 와서 분량이나 수량의 뜻을 나타낸다.
▪ 독서량, 운동량, 공부량, 강수량, 호흡량
양 ① 고유어나 외래어 명사 뒤에 와서 분량이나 수량의 뜻을 나타낸다. ② 분량이나 수량. ③ 음식을 먹을 수 있는 한도.
▪ 물양, 기름양, 구름양, 에너지양, 칼로리양
▪ 들고 갈 수 있는 양만큼만 챙기자.
▪ 마음 놓고 양껏 먹는다.

□

만하다(보조 형용사) ○ / **만도 하다·만은 하다**(의존 명사＋조사＋동사) ○ / **만 하다**(조사＋동사) ○

만하다 ① 그런 행동을 할 타당한 이유가 있을 만큼 가치가 있다. ② 앞말이 뜻하는 행동을 하는 것이 가능함을 나타낸다.

 * ①과 ② 모두 '-ㄹ 만하다' 꼴.
- 위험을 감수할 만한 가치가 있다.
- 그가 그런 고가의 물건을 살 만한 재력을 가졌는지 몰랐다.

만도 하다·만은 하다 ① 앞말이 뜻하는 행동에 타당한 이유가 있음을 나타낸다. ② 앞말이 뜻하는 행동이 가능함을 나타낸다.

 * ①과 ② 모두 '-ㄹ 만도 하다', '-ㄹ 만은 하다' 꼴.
- 그렇게 기다리던 소식이 왔으니 기뻐할 만도 하다.
- 애지중지하는 물건을 깨뜨렸으니 불같이 화낼 만은 하다.

만 하다 '만'이 조사이므로 앞에 명사가 온다.

- 얼굴이 작아서 조막만 하다.
- 너만 할 때는 다 그런 법이야.

메슥거리다(동사) ○ / **미식거리다** X

먹은 것이 되넘어 올 듯이 속이 울렁거리다.

- 버스를 오래 탔더니 속이 메슥거린다.
- 토할 것처럼 메슥거려서 약을 먹었다.

메꾸다 = 메우다(동사) ○

메꾸다 ① 시간을 그럭저럭 보내다. ② 부족한 것을 채우다. ③ '메다'의 사동사. 뚫려 있거나 빈 곳을 막거나 채우다.

- 딱히 할 일이 없어 시간만 메꾸며 지냈다.
- 부족분을 메꾸는 것도 하루 이틀이지 이젠 못한다.

- 벽에 난 구멍을 시멘트로 메꿨다.

메우다 ①~③은 '메꾸다'와 동일. ④ 어떤 장소를 가득 채우다.
- 딱히 할 일이 없어 시간만 메우며 지냈다.
- 부족분을 메우는 것도 하루 이틀이지 이젠 못한다.
- 벽에 난 구멍을 시멘트로 메웠다.
- 축제를 즐기러 나온 인파가 광장을 메웠다.

목매다(동사) ○ / 목메다 ○

목매다 ① 죽거나 죽이려고 목을 매달다. ② '-에 / 에게 목매다' 꼴. 어떤 일이나 사람에게 의지하다.
- 교수형은 목매 죽이는 형벌이다.
- 오지 않는 소식에 더 이상 목매지 않겠다.

목메다 기쁨이나 설움의 감정이 솟아 목에 엉기어 막히다.
- 이산가족이 재회하는 현장에서 너나없이 목메어 울었다.

못되다(형용사) ○ / 못 되다(동사 '되다'의 부정) ○

못되다 ① 성질이나 품행이 좋지 않거나 고약하다. ② 일이 뜻대로 되지 않은 상태에 있다.
- 못된 송아지 뿔부터 난다.
- 못되면 조상 탓, 잘되면 제 탓.

못 되다 되지 못하다.
- 부상을 입어 프로 선수가 못 되다.

무릅쓰다(동사) ○ / 무릎쓰다 X

힘들고 어려운 일을 참고 견디다.
- 그는 심각한 부상을 무릅쓰고 피나는 노력을 한 결과 복귀했다.
- 앞선 세대의 위험을 무릅쓴 자기희생이 오늘을 만들었다.

무치다(동사) ○ / 묻히다 ○

무치다 나물에 갖은양념을 넣고 골고루 섞다.

▪ 할머니가 무친 나물이 감칠맛 나고 제일 맛있다.

묻히다 ① '묻다'의 사동사. 가루, 풀, 물 등을 다른 물체에 들러붙게 하거나 흔적을 남기다. ② '묻다'의 피동사. 물건이나 어떤 일이 감추어져 드러나지 않게 되다. ③ 어떤 환경에 들어박히거나 어떤 일에 몰두하다. ④ 모습이 가려지거나 소리가 들리지 않게 되다.

▪ 점심을 먹다 옷에 양념을 묻혔다.

▪ 세상을 떠난 자식은 부모의 가슴에 묻힌다.

▪ 요즘 산속에 묻혀 지내는 사람들을 다루는 프로그램이 인기 있다.

▪ 그는 연구에 묻혀 지내느라 세상일을 잘 모른다.

▪ 친구의 말은 응원 소리에 묻혀 알아들을 수 없었다.

묵다(동사) ○ / 묶다 ○

묵다 ① 일정한 곳에 머물다. ② 오래된 상태가 되다.

▪ 가족 여행을 가서 펜션에 묵기로 했다.

▪ 잊고 있던 묵은 상처가 되살아난다.

* '묵은내', '묵은때', '묵은지', '묵은눈' 등의 '묵은'은 ②의 뜻에서 왔다.

묶다 ① 끈을 매듭으로 만들거나 단단히 매다. ② 금지하거나 제한하다. ③ 여럿을 한군데 또는 한 체제로 합하다.

▪ 신발 끈을 단단히 묶어 풀어지지 않게 한다.

▪ 법으로 묶어 놓은 녹지대가 상당하다.

▪ 그동안 발표한 단편 소설을 한 권으로 묶기로 했다.

바뀌어(동사 '바뀌다'의 활용형) / **바껴** X, **바뀌었다** ○ / **바꼈다** X

'바꾸이다'의 준말인 기본형 '바뀌다'에는 '바꾸다'의 피동사로서 다음과 같은 의미가 있다.

① 원래 있던 것이 다른 것으로 채워지거나 대신하게 되다. ② 다른 언어로 옮겨지다. ③ 자기 물건이 다른 사람에게 주어지고 그만한 물건을 받게 되다. ④ 원래의 내용이나 상태가 다르게 고쳐지다.

▪ 신도시로 바뀌어 어디가 어딘지 모르겠다.

▪ 다른 언어로 바뀔 때 뉘앙스를 살리는 게 어렵다.

▪ 서두르는 바람에 친구와 핸드폰이 바뀌고 말았다.

▪ 회의에서 결정한 내용이 다시 바뀌었다.

* '바뀌어', '바뀌었다'의 모음 ㅟ와 ㅓ는 ㅕ로 줄일 수 없으므로 '바껴', '바꼈다'로 쓸 수 없다.

* 뒤의 '사귀어 / 사겨, 사귀었다 / 사겼다'도 보자.

바라다(동사) ○ / **바래다** ○

바라다 ① 생각이나 바람대로 이루어졌으면 하고 생각하다. ② 원하는 사물을 얻거나 가졌으면 하고 생각하다.

▪ 올해는 건강하시기 바랍니다.

▪ 대가를 바라고 한 일이 아니다.

바래다 ① 색이 변하다. ② 배웅하거나 바라보다.

▪ 오랜만에 앨범을 꺼냈더니 누렇게 바랬다.

▪ 버스 정류장까지 바래다주다.

* '희망한다'는 뜻을 표현할 때 흔히 쓰는 '바래다'는 비표준어다.

바람(명사) ○ / **바램** X

어떤 일이 이루어지기를 기다리는 간절한 마음.

▪ 네 바람대로 선생님이 되기 바랄게.

▪ 오전 10시까지 운동장으로 모이기 바람.

* 앞의 '바라다 / 바래다'를 보자.

바치다(동사) ○ / 받치다 ○ / 받히다 ○ / 밭치다 ○

바치다 ① 신이나 웃어른에게 드리다. ② 반드시 내야 할 돈을 가져다주다. ③ 무언가를 위해 모든 것을 아낌없이 쓰다.

▪ 아주 오래전에는 신에게 공양물로 산 짐승을 바쳤다.

▪ 쌀을 세금으로 바치던 시대가 있다.

▪ 이순신 장군은 나라를 위해 자신을 바친 인물이다.

받치다 ① 물건의 밑이나 옆에 다른 물체를 대다. ② '-쳐 입다' 꼴. 옷의 색, 모양이 조화를 이루도록 하다. ③ 우산이나 양산을 펴 들다.

▪ 어른에게 음식을 드릴 때는 쟁반을 받쳐라.

▪ 조끼 아래에 셔츠를 받쳐 입었다.

▪ 햇볕이 뜨거우니 양산을 받치고 걷자.

받히다('받다'의 피동사) 세차게 부딪히다.

▪ 신호를 무시하고 달리는 자동차에 받혀 크게 다쳤다.

밭치다 체 등을 이용해 액체와 건더기를 분리하거나 국수, 야채 등의 물기를 빼다.

▪ 삶아 낸 국수는 고운 체에 밭쳐 물기를 제거한다.

받아들이다(동사) ○ / 받아드리다 X

① 다른 문화, 문물을 자기 것이 되게 하다. ② 다른 사람의 요구, 말을 들어주다. ③ 어떤 사람을 구성원으로 들어오게 하다. ④ 어떤 사실을 인정하고 수용하다. ⑤ 타인의 의견, 비판을 인정하다.

▪ 인천은 구한말에 서구 문물을 받아들인 개항지다.

▪ 시민의 건의를 받아들여 개선한다.

▪ 우리는 새로운 팀원 한 명을 받아들이기로 했다.

▪ 옳은 말인 것은 알지만 비판을 받아들이기는 쉽지 않다.

▪ 친구의 조언을 받아들여 다시 한번 도전한다.

* '받아드리다'는 '받아들이다'를 잘못 표기한 것이지만, '받아 드리다'로 띄어 쓰면 무언가를 받아서 웃어른에게 전한다는 의미가 된다.

법석(명사) ○ / 법썩 X

소란스럽게 떠드는 모양.
▪ 뭐 그리 큰일이라도 난 것처럼 법석을 떠냐?
* '법썩'은 '법석'의 발음이다.

베개(명사) ○ / 배게(동사 '배다'의 활용형) ○

베개 잠을 자거나 누울 때 머리를 괴는 물건.
▪ 베개를 잘못 베어 고개가 아프다.
배다 ① 스며들거나 스며 나오다. ② 배 속에 아이나 새끼를 가지다.
▪ 음식 냄새가 옷에 배어 밖에 널어 두다.
▪ 아이를 밴 임신부는 매사에 조심한다.
* 62쪽 〈어떻게 구분하지?〉 '베다, 배다'를 보자.

봬요(동사 '뵈다'의 활용형) ○ / 뵈요 X, 뵐게요 X / 뵐게요 ○

기본형 '뵈다'는 웃어른에게 쓰는 단어이다. '봬'와 '뵈', '뵐'과 '뵐'은 다음과 같이 '하'나 '해'로 바꾸어 본다.
▪ 내일 학교에서 봬요 / 뵈요. → 내일 학교에서 <u>해요</u> / ~~하요~~. → 내일 학교에서 봬요.
▪ 내일 학교에서 뵐게요 / 뵐게요. → 내일 학교에서 ~~핼게요~~ / <u>할게요</u>. → 내일 학교에서 뵐게요.
* 앞에서 설명한 '돼 / 되'를 다시 보자.
* '눈에 뵈는 게 없다'의 '뵈다'는 '보이다'의 준말이다.

부딪치다(동사) ○ / 부딪히다 ○

부딪치다 ① '부딪다'의 강조. 사람이나 사물이 힘 있게 마주 닿다. 예상하지 못한 일이나 상황에 직면하다. ② 뜻하지 않게 어떤 사람을 만나다. ③ 의견이나 생각의 차이로 대립하는 관계가 된다. ④ 문제 해결을 위해 일과 관련된 사람을 만나다.

- 마주 오는 차와 부딪쳐 사고가 났다.
- 어제 다툰 친구와 정문에서 부딪쳤다.
- 진학 문제로 부모님과 부딪쳐 언성이 높아지다.
- 이 어려움은 당사자끼리 부딪치지 않으면 해결할 수 없다.

부딪히다('부딪다'의 피동사) ① 사람이나 사물이 힘 있게 마주 닿게 되다. ② 예상하지 못한 일이나 상황에 직면하게 되다.

- 책상 모서리에 부딪혀 멍이 들다.
- 뜻하지 않게 난관에 부딪혀 당황하다.

* '부딪치다'는 주어가 움직여 충돌하는 상황이고, '부딪히다'는 주어는 가만히 있고 무언가가 충돌해 오는 상황이다. 예를 들어 '그가 자동차에 부딪치다'는 그가 움직인 것에 비중을 둔 표현이고, '그가 자동차에 부딪히다'는 자동차가 움직인 것에 비중을 둔 표현이다.

부수다(동사) ○ / 부시다(동사·형용사) ○

부수다 ① 깨뜨리다. ② 깨뜨려 못 쓰게 만든다.

- 깨진 유리는 잘게 부수어 잘 싸서 버려야 한다.
- 그는 술만 마시면 살림살이를 부순다.

부시다 ① 그릇 따위를 씻어 깨끗하게 하다. ② 빛이나 색채가 강렬하여 마주 보기가 어려운 상태에 있다.

* ①은 동사이고, ②는 형용사이다.

- 그릇을 깨끗이 부셔서 엎어 두다.
- 여름 햇살에 눈이 부셔서 얼굴을 찡그리다.

부스스하다 = 푸시시하다(형용사) ○ / 부시시하다 ✕

머리카락이나 털 따위가 몹시 어지럽게 일어나거나 흐트러져 있다.

- 늦잠을 자서 지각할까 봐 부스스한 꼴로 뛰쳐나갔다.

부예(형용사 '부옇다'의 활용형) ○ / 부얘 X

기본형 '부옇다'에는 다음과 같은 의미가 있다.

① 연기나 안개가 낀 것처럼 선명하지 못하다. ② 살갗이나 얼굴이 허여멀겋다.

- 미세 먼지 때문에 하늘이 부예.

- 얼굴이 부예진 걸 보니 잘 지내나 보다.

  * 뒤의 '하얘 / 하예'도 보자.

부치다(동사) ○ / 붙이다 ○

부치다 ① 편지나 물건을 상대에게 보내다. ② 어떤 문제를 다른 곳으로 넘기어 맡기다. ③ 어떤 일을 문제 삼지 않게 하다.

- 짐은 택배로 부치고 집으로 돌아간다.

- 표결에 부쳐 반장을 선출하다.

- 회의 내용을 비밀에 부치기로 하다.

붙이다('붙다'의 사동사) ① 떨어지지 않게 하다. ② 불을 일으켜 타게 하다. ③ 조건, 이유, 구실을 딸리게 하다.

- 다이어리를 꾸미느라 스티커를 잔뜩 붙여 놓는다.

- 라이터로 담배에 불을 붙였다.

- 급여 인상 조건을 붙여 계약한다.

  * 두 단어의 의미 ①에서 헷갈려서 잘못 쓰는 경우가 흔하다. 보낸다는 의미가 담겨 있으면 '부치다'라는 점을 기억하자.

붇다(동사) ○ / 붓다 ○

붇다 ① 물에 젖어서 부피가 커지다. ② 분량이나 수효가 많아지다. ③ 살이 찌다.

- 콩이나 미역은 물에 담그면 엄청 붇는다.

- 장맛비로 개천이 불어 위험하다.

- 말랐던 사람도 나이가 드니 몸이 붇는다.

붓다 ① 신체의 어느 기관이 부풀어 오르다. ② 뽀로통해지다. ③ 액체나 가루를 다른 곳에 담다. ④ 불입금, 이자, 곗돈 따위를 일정한 기간마다 내다.

- 밤새 울어서 눈이 퉁퉁 부었다.
- 그깟 일에 그렇게 부었니?
- 우유에 밀가루를 부어 반죽한다.
- 영숙이는 절약한 돈으로 적금을 붓고 있다.

불고하다(동사) ○ / 불구하다 ○

불고하다 돌아보지 아니하다.

- 이렇게 주시니 염치 불고하고 받겠습니다.
- 발이 너무 아파서 체면 불고하고 길바닥에 앉았다.

불구하다 얽매여 거리끼지 않는다. '-에도 불구하고', '-음에도 불구하고' 꼴로 쓴다.

- 그 선수는 부상에도 불구하고 경기에 나섰다.
- 선수들은 점수가 뒤졌음에도 불구하고 열심히 뛰었다.

빌려(동사 '빌리다'의 활용형) ○ / 빌어(동사 '빌다'의 활용형) ○

빌리다 ① 남의 물건이나 돈을 돌려주거나 갚기로 하고 얼마 동안 쓰다. ② 남의 도움을 받거나 사람·물건을 믿고 기대다. ③ 형식이나 이론, 남의 말이나 글을 취하다. ④ 어떤 일을 하기 위해 기회를 이용하다.

- 교과서를 잃어버려 친구에게 빌렸다.
- 인구가 줄어 시골에서는 빌릴 일손조차 없다고 한다.
- 신문 기사에는 관계자 말을 빌린 내용이 꽤 있다.
- 이 자리를 빌려 감사드립니다.

빌다 ① 남의 물건을 공짜로 얻다. ② 용서해 달라고 호소하다. ③ 소망이 이루어지기를 바라다.

- 심 봉사는 청이에게 먹일 젖을 빌러 다녔다.
- 그는 뒤늦게 부모님께 용서를 빌었다.
- 마음속으로 후배의 무운을 빌다.

* 무운은 '전쟁 따위에서 이기고 지는 운수'라는 뜻을 가진 한자어로 '무운을 빌다'는 '승리를 바라다', '행운을 바라다'와 같은 뜻이다.
* 공짜로 얻는 것은 '빌다', 돌려주어야 하거나 잠시 사용하는 것은 '빌리다'임을 구분하여 사용해야 한다. 따라서 '수필 형식을 빌어', '이 자리를 빌어'는 틀린 표현이며 '수필 형식을 빌려', '이 자리를 빌려'로 써야 맞는다.

빗다(동사) ○ / 빚다 ○

빗다 머리카락을 빗 따위로 가지런히 고르다.
▪ 늦잠을 자서 머리도 빗지 못하고 부스스한 채 나갔다.
빚다 ① 흙, 가루 등의 재료를 이겨서 어떤 형태를 만들다. ② 어떤 결과나 현상을 만들다.
▪ 온 가족이 둘러앉아 만두를 빚는다.
▪ 연휴를 맞아 이른 아침부터 정체 현상을 빚고 있다.

삐지다 = 삐치다(동사) ○

화나거나 못마땅해서 마음이 토라지다.
▪ 수영이는 자기를 빼고 놀이동산에 갔다고 삐졌다.
▪ 그만한 일에 삐치지 말고 풀어라.

알아 둡시다   **명사와 명사형**

"도로에 얼음이 얾." 여기에서 '얼음'은 '얼다'의 명사이고 '얾'은 명사형이다. 명사형이란, 용언 즉 동사와 형용사가 명사와 같은 구실을 하게 하는 활용형으로 어간에 '-ㅁ', '-음', '-기'를 붙여서 만든다. '예쁘다'에 '-ㅁ'을 붙인 '예쁨', '먹다'에 '-음'을 붙인 '먹음', '외우다'에 '-기'를 붙인 '외우기'가 명사형이다. 앞에서 예로 든 '얼음'은 '-음'이 결합한 형태지만 오래전부터 명사로 굳어진 예외이며 '울음'도 마찬가지이다. 'ㄹ'로 끝나는 용언을 명사형으로 만들 때는 맨 앞의 '얾'처럼 'ㄹ'을 그대로 두고 'ㅁ'을 붙인다는 점을 기억해 두어야 한다.

ㅅ

사귀어(동사 '사귀다'의 활용형) ○ / 사겨 ✗, 사귀었다 ○ / 사겼다 ✗

서로 친하게 지낸다는 뜻의 '사귀다'는 '사귀어', '사귀여', '사귀니' 등으로 활용한다. '사귀어', '사귀었다'의 모음 ㅟ와 ㅓ는 ㅕ로 줄일 수 없으므로 '사겨', '사겼다'로 쓸 수 없다.

- 오랫동안 사귀어 온 이웃과 헤어지다.
- 진희는 서글서글하여 사람들과 금세 사귀었다.
* 앞의 '바뀌어 / 바껴, 바뀌었다 / 바꼈다'도 보자.

사르다(동사) ○ / 사리다 ○

사르다 불에 태워 없애다.

- 비밀문서를 살라 없애다.

사리다 ① 국수, 새끼, 뱀의 몸 등을 동그랗게 감다. ② 어떤 일에 적극적으로 나서지 않고 살살 피하다.

- 굵직한 뱀이 몸을 사리고 잔뜩 노려본다.
- 어떤 일이 벌어질지 몰라 몸을 사린 채 서로 눈치만 본다.

삼가(동사 '삼가다'의 활용형) 주세요 ○ / 삼가해 주세요 ✗

삼가다 ① 몸가짐이나 언행을 조심하다. ② 꺼리는 마음으로 양이나 회수가 지나치지 않도록 하다.

- 거친 말과 행동은 삼가 주세요.
- 건강을 위해 흡연과 음주는 삼가는 것이 좋다.
* '삼가다'는 '삼가', '삼가고', '삼가는', '삼가니'로 활용되므로 '삼가해'는 틀린 표현이다.

새다(동사) ○ / 새우다 ○

새다 날이 밝아 오다.

- 날이 새는지도 모르고 공부하다.
- 그는 밤이 새도록 끙끙 앓았다.

새우다 한숨도 자지 않고 밤을 지내다.

- 벼락치기로 밤을 새워 시험공부를 했다.
- 소음 때문에 뜬눈으로 꼬박 밤을 새웠다.
  * '새다'의 자세한 설명은 95쪽 "똑, 똑, 물 새는 소리가 난다" / "주먹이 세고 기운이 장사다"를 보자.

서슴지(동사 '서슴다'의 활용형) ○ / 서슴치 X

기본형 '서슴다'는 다음과 같은 의미를 가지며 '서슴지 않다', '서슴지 말고' 꼴로 쓰인다.
① 결단을 내리지 못하고 머뭇거리며 망설이다. ② 어떤 행동을 선뜻 결정하지 못하고 머뭇거리며 망설이다.

- 서슴지 말고 의견을 밝혀라.
- 다른 사람이 몸을 사리는 일에 서슴지 않고 나서다.

설거지(명사) ○ / 설겆이 X

예전에는 '설겆이'로 표기했으나 현재는 '설거지'가 표준어이다.

- 설거지는 미루어 두면 더 귀찮아진다.
- 비가 금방이라도 쏟아질 것 같으니 비설거지를 해야겠다.
  * '비설거지'는 비가 오려고 하거나 올 때 비에 맞으면 안 되는 물건을 치우는 일이다.

설레다(동사) ○ / 설레이다 X

① 마음이 가라앉지 않고 두근거리다. ② 가만히 있지 않고 자꾸만 움직이다.

- 처음 하는 해외여행을 앞두고 설레서 잠을 이루지 못하다.
- 신이 난 아이들이 설레는 바람에 일이 손에 잡히지 않는다.
  * '설레다'의 명사형은 '설렘'이 표준어이고 '설레임'은 비표준어이다.

쇠다(동사) ○ / 새다 ○ / 세다(동사·형용사) ○

쇠다 명절, 생일, 기념일 등을 지내다.

- 추석을 쇠려고 고향집으로 간다.

* '새다', '세다'의 자세한 설명은 95쪽 "똑, 똑, 물 새는 소리가 난다" / "주먹이 세고 기운이 장사다"를 보자.

수-(접두사) ○ / 숫- ○

수- ① 양, 염소, 쥐를 제외한 동식물에 붙어 새끼를 배지 않거나 열매를 맺지 않는다는 뜻을 더한다. ② '길게 튀어나온 모양의', '안쪽에 들어가는', '잘 보이는'의 뜻을 더한다. 짝이 있는 사물을 뜻하는 명사에 붙는다.
* '강아지', '개', '것', '기와', '닭', '당나귀', '돌쩌귀', '돼지', '병아리'는 수-와 결합할 때는 거센소리가 된다.
▪ 수캉아지, 수캐, 수컷, 수키와, 수탉, 수탕나귀, 수톨쩌귀, 수퇘지, 수평아리
▪ 수소, 수꿩, 수나사, 수단추, 수놈
숫- 양, 염소, 쥐 앞에 붙어 새끼를 배지 않는다는 뜻을 더한다.
▪ 숫양, 숫염소, 숫쥐

수포로(명사 + 조사) ○ / 숲으로 ○

수포 = 물거품 ① 물이 다른 물체에 부딪쳐서 생기는 거품. ② 노력이 헛되게 된 상태를 비유하는 말.
▪ 바위에 부딪힌 파도는 하얀 수포가 된다.
▪ 단 한 번의 실수로 모든 노력이 수포로 돌아가다.
* '숲으로'는 '새들이 숲으로 날아가다'와 같이 쓰이면 옳은 표현이지만, 애쓴 것이 허사가 된다는 뜻의 '수포로'를 써야 할 자리에 '숲으로'를 쓰면 잘못이다.

-일걸 ○ / -일껄 ✕

* 앞의 '-ㄹ걸 / -ㄹ 걸 / -ㄹ껄'의 설명을 보자.

안되다(동사·형용사) ○ / 안 되다(동사 '되다'의 부정)

안되다 ① 일, 현상, 물건, 사람이 잘되지 못하다. ② 일정한 수준에 이르지 못하다. ③ 섭섭하거나 가엾다. ④ 근심이나 병 때문에 얼굴이 상하다.

  * ①~②는 '잘되다'의 반대말로 동사이며, ③~④는 형용사이다.

- 마음이 들떠 공부가 안된다.
- 안되는 사람은 뒤로 넘어져도 코가 깨진다.
- 안돼도 10등에는 들어야 한다.
- 혼자 돌아가는 모습을 보니 마음이 안됐다.
- 얼마나 고생했는지 얼굴이 안되어서 돌아왔다.

안 되다 '되다'의 부정 표현으로 금지, 무언가가 이루어지지 않음을 나타낸다.

- 여기에서 떠들면 안 된다.
- 되든 안 되든 한번 건의나 해 보자.

  * '집에서는 공부가 안돼'와 '이곳에서 공부하면 안 돼'는 둘 다 맞는 표현이다. 전자의 '안돼'는 집에서 공부하면 집중이 안 된다는 뜻이며, 후자의 '안 돼'는 이곳에서 공부하지 말라는 금지의 뜻이다.

안치다(동사) ○ / 앉히다 ○

안치다 밥, 떡, 찌개 따위를 만들기 위해 재료를 솥이나 냄비에 넣고 불 위에 올리다.

- 쌀은 솥에 안치고 찌개거리는 냄비에 안쳐 끓인다.

앉히다('앉다'의 사동사) ① 사람이나 동물을 앉게 하다. ② 새, 곤충, 비행기를 내려서 있게 하다. ③ 건물을 일정한 방향이나 장소에 자리 잡게 하다. ④ 어떤 직위나 자리를 차지하게 하다.

- 할아버지께서는 손자를 무릎에 앉히신다.

- 잠자리를 손등에 앉혀 보려고 손을 내밀었다.
- 거실과 안방을 동남쪽으로 앉히면 좋겠다.
- 사장님은 그를 부장 자리에 앉혔다.

알맞은(형용사 '알맞다'의 활용형) O / 알맞는 X

기본형 '알맞다'는 일정한 기준, 조건, 정도에 넘치거나 모자라지 않다는 뜻을 가졌으며 '알맞아', '알맞으니' 등으로 활용된다.

- 청소년에게 알맞은 책을 추천한다.
- 그는 입사에 알맞은 조건을 갖추고 있어 채용되었다.
* '알맞 + 은'은 '알맞다'의 어간 '알맞'에 관형사형 어미 '-은'이 결합한 형태다. 관형사형 어미는 용언(동사와 형용사)의 어간과 결합하여 체언을 꾸미는 역할을 하게 하는 것이며 '-ㄴ', '-ㄹ', '-는', '-은', '-던' 등이 있다. 현재를 표현할 때 '-는'은 동사 어간에만, '-은'은 형용사 어간에만 붙는다. 따라서 '알맞다'는 형용사이므로 '알맞는'이 될 수 없다. 다만 '-은'이 동사 어간과 결합하면 과거의 표현이 된다. 따라서 아래의 예에서 '먹은', '잡은'은 현재형으로서는 잘못된 표현이나 과거의 표현으로는 옳다.
- 동사 현재 : 먹는 (O) / 먹은 (X), 잡는 (O) / 잡은 (X)
- 형용사 현재 : 높은 (O) / 높는 (X), 걸맞은 (O) / 걸맞는 (X)

애(명사) O / 얘 O

애 '아이'의 준말.
얘 '이 아이'가 줄어든 말.

- 그 애(= 아이)가 잘못했다. (O) / 그 얘(= 이 아이)가 잘못했다. (X)
- 애들아(= 아이들아), 조용히 하자. (X) / 얘들아(= 이 아이들아), 조용히 하자. (O)
* 누군가를 부를 때에는 지시 관형사가 있어야 하므로 '얘들아, 조용히 하자'가 바른 문장이다. '사람아, 조용히 하자', '이 사람아, 조용히 하자'로 바꾸어 생각해 보면 알 수 있다.
* '걔'는 '그 아이', '쟤'는 '저 아이'가 줄어든 말이다.

업다(명사) ○ / 엎다 ○

업다 ① 등에 대고 손으로 잡거나 무엇으로 동여매어 붙어 있게 하다. ② '등에 업고' 꼴. 어떤 세력을 배경으로 삼다.

▪ 아기가 하도 울어서 업어 주었다.

▪ 저 사람은 아버지의 세력을 등에 업고 건방지게 군다.

엎다 ① 위가 밑을 향하게 하다. ② 부주의로 넘어뜨려 속에 든 것이 쏟아지게 하다. ③ 어떤 일이나 체제, 질서를 뒤바꾸기 위해 없애다. ④ 이미 있어 온 일이나 주장을 깨뜨리거나 바꾸어서 효력이 없게 하다.

▪ 설거지한 그릇은 물이 빠지게 엎어 둔다.

▪ 국그릇을 건드려서 엎어 버렸다.

▪ 혁명이 일어나 구체제를 엎었다.

▪ 이미 결정한 사항들을 모두 엎고 새로 정하기로 하다.

-었-(어미) ○ / -였- ○

'-었-'과 '-였-'은 다음과 같은 경우에 쓰인다.

① 사건이나 행위가 이미 일어났을 때. ② 어떤 상황이 현재까지 지속될 때. ③ 미래에 일어날 일이 이미 정해진 일처럼 말할 때.

▪ 동생은 벌써 저녁밥을 먹었다. / 동생은 벌써 저녁 식사를 하였다.

▪ 개나리가 모두 피었다. / 개나리가 모두 개화하였다.

▪ 점심을 많이 먹어서 저녁은 다 먹었다. / 다리를 다쳤으니 축구는 다 하였다.

-었- ① 끝음절의 모음이 'ㅏ', 'ㅗ'가 아닌 용언의 어간 뒤나 '-이다'의 어간 뒤. ② '-이다'의 어간 '-이'와 결합하여 받침이 있는 체언 뒤.

▪ 선물을 주었다. / 아기를 업었다.

▪ 숲이었다. / 풀이었다.

-였- ① '하다'나 '-하다'가 붙는 용언의 어간 뒤. ② 받침이 없는 체언 뒤.

▪ 운동을 하였다. / 가난하였다.

▪ 고양이였다. / 나무였다.

* '설레다'에서는 '설레였다'가 잘못이고 '설레었다'이다. 그리고 '서완이였다', '재현이
  였다'와 같이 받침이 있는 이름 뒤에는 '-이였-'으로 쓴다.

에워싸다(동사) ○ / 에워쌓다 X

① 둘레를 빙 둘러싸다. ② 어떤 사실을 관심의 초점으로 하여 둘러싸다.

- 형사들은 범인을 에워쌌다.
- 인구 문제를 에워싸고 의견이 나뉘다.
* '에워쌓다'는 비표준어이지만, 사방을 둘러싸서 쌓는다는 의미로 '마을을 성벽으로 에
  워 쌓다'와 같이 쓸 수 있다.
* 앞의 '둘러싸다 / 둘러쌓다'를 보자.

외골수(명사) ○ / 외곬 ○

외골수 한 곳으로만 파고드는 사람.

- 그는 외골수여서 타협을 안 한다.

외곬 ① 단 한 곳으로만 트인 길. ② '외곬으로' 꼴. 단 하나의 방법이나 방향.

- 돌이킬 수 없는 외곬의 길에 들어서다.
- 서로 물러서지 않고 외곬으로 치닫다.

웃옷(명사) ○ / 윗옷 ○

웃옷 맨 겉에 입는 옷. 아우터.

- 추워서 떠느니 웃옷을 입는 게 낫다.

윗옷 위에 입는 옷. 상의, 윗도리.

- 짐을 쌀 때 윗옷은 넉넉히 넣어라.

-이(접미사) ○ / -히 ○

둘 다 명사, 부사, 형용사 어근 뒤에 붙어 부사를 만들지만 각각 사용하는 경
우가 다르다.

-이 ① ㅅ 받침 뒤. ② 겹쳐 쓴 명사 뒤. ③ ㅂ 받침이 없어지는 불규칙 용언의
어간 뒤. ④ '-하다'가 붙지 않는 어간 뒤. ⑤ 부사 뒤.

- 깨끗이, 느긋이, 뜨뜻이, 번듯이, 빠듯이, 버젓이
- 겹겹이, 곳곳이, 나날이, 낱낱이, 다달이, 일일이, 집집이
- 가벼이(가볍다), 너그러이(너그럽다), 외로이(외롭다)
- 굳이, 높이, 많이, 헛되이
- 곰곰이, 더욱이, 생긋이, 오뚝이, 일찍이, 히죽이

* '오뚝이'는 어린아이들의 장난감을 가리키면 명사, 작은 물건이 높이 솟아 있는 모양을 의미하면 부사가 된다.

-히 ① '-하다'로 끝나는 어근 뒤(ㅅ 받침은 제외). ② 부사의 끝음절이 '히'로만 나거나 '이'나 '히'로 나는 것.

- 고요히, 과감히, 분명히, 찬찬히, 확실히
- 가만히, 나란히, 무단히, 솔직히, 쓸쓸히

* 쉽게 구분하는 요령 : ① ㅅ 받침이 있으면 '-이'(깨끗이), ② 명사를 겹쳐 쓰면 '-이'(집집이), ③ '-하다'를 붙여서 자연스러우면 '-히'(분명히), ㅅ 받침은 제외.

이래라저래라(동사 '이리하다' + '저리하다') ○ / 일해라 절해라 ✕

'이리하여라 저리하여라'가 줄어든 말.

- 일은 하지 않으면서 이래라저래라 잔소리만 한다.
- 무슨 자격으로 이래라저래라 참견하지?

이래 봬도(형용사 '이러하다' + 동사 '뵈다') ○ / 이래 뵈도 ✕

현재는 어울리지 않아 보여도 과거에는 어떤 직업이나 직책, 상태였음을 자랑삼아 말할 때 쓰는 표현이다. '이래'는 '이러하여'의 준말이고 '봬도'의 기본형 '뵈다'는 '보이다'의 준말이다.

- 이래 봬도 젊은 시절에는 운동선수로 활약했다.
- 이래 봬도 왕년에는 힘깨나 썼다.

* 앞의 '돼 / 되'와 '봬요 / 뵈요, 뵐게요 / 뵐게요'를 다시 보자.

그네뛰기 O / 그내뛰기 X	네댓 O / 너댓 X
모래 장난 O / 모레 장난 X	소꿉장난 O / 소꼽장난 X
술래잡기 O / 술레잡기 X	숨바꼭질 O / 숨박꼭질 X
아지랑이 O / 아지랭이 X	안팎 O / 안밖 X
역할 O / 역활 X	예닐곱 O / 여닐곱 X
오뚝이 O / 오뚜기 X	오랜만 O / 오랫만 X
오랫동안 O / 오랜동안 X	움큼 O / 웅큼 X
으레 O / 으례 X	조치 O / 조취 X
짜깁기 O / 짜집기 X	창피 O / 챙피 X
천장 O / 천정 X	초승달 O / 초생달 X
초점 O / 촛점 X	통째 O / 통채 X
파란색 O / 파랑색 X	포복절도 O / 포복졸도 X
폭발 O / 폭팔 X	해코지 O / 해꼬지 X

작다(형용사) ○ / 적다 ○

작다 '크다'의 반대말.

- 작은 실수가 큰 문제로 번진다.
- 그는 중대한 일을 감당하기에는 그릇이 작다.
- 가정 문제는 작게는 개인의 일이지만 사회문제임을 간과해서는 안 된다.

적다 '많다'의 반대말.

- 적은 수입에 비해 씀씀이가 크다.
- 그 환자는 적은 양을 자주 먹어야 한다.
- 적은 물이 새어 큰 배 가라앉는다.

 * '작다', '적다' 중 어느 것이 옳을지 헷갈릴 때는 반대말인 '크다', '많다'를 넣어 보자.
   집이 작다 / 적다. → 집이 크다 / 많다. → 집이 작다.
   나이가 작다 / 적다. → 나이가 크다 / 많다. → 나이가 적다.

잘되다(동사) ○ / 잘 되다(부사 + 동사) ○

잘되다 ① 일, 현상, 물건이 좋게 이루어지다. ② 사람이 훌륭해지다. ③ 일정한 수준이나 정도에 이르다. ④ 결과가 좋지 않을 때 반어적으로 사용한다.

- 도서관보다 집에서 공부가 잘된다.
- 모든 부모의 소망은 자식이 잘되는 것이다.
- 그가 떠난 지 잘되어야 한 달 남짓한데 일 년은 된 것 같다.
- 엄마에게 혼났는데 동생이 잘됐다고 깐족거린다.

잘 되다 '옳고 바르게', '좋고 훌륭하게', '아주 알맞게' 등의 뜻을 가진 부사 '잘'과 '새로운 신분이나 지위를 가지다', '다른 것으로 바뀌다', '어떤 시기·상태에 이르다' 등의 뜻을 가진 동사 '되다'가 결합한 표현.

- 집짓기가 잘 되어 간다.
- 이 도로는 정체가 잘 되어 늘 돌아간다.

 * 결과가 성공적이고 긍정적일 때는 '잘되다'를, 과정이 순조로운 때는 '잘 되다'를 쓴다.
 * '잘 되다'는 '부패가 잘 되다', '지연이 잘 된다'처럼 부정적인 의미로도 쓰인다.

잠가(동사 '잠그다'의 활용형) ○ / **잠궈** X, **잠갔다** ○ / **잠궜다** X

기본형 '잠그다'는 활용할 때 'ㅡ'가 탈락하는 동사이며 의미는 다음과 같다. ① 여닫는 물건을 열지 못하도록 자물쇠를 채우거나 빗장을 걸다. ② 물, 가스 등을 차단하다,

- 책상 서랍을 잠가 둔다.
- 열쇠도 없는데 실수로 문을 잠가서 당황하다.
- 퇴근할 때 사무실 문을 잠갔다.

저리다(형용사·동사) ○ / **절이다**(동사) ○

저리다(형용사) ① 피가 잘 통하지 못해 감각이 둔하고 아리다. ② 뼈나 몸이 쏙쏙 쑤시듯이 아프다. ③ 가슴이나 마음이 아프다.

- 책상다리를 하고 앉아 있었더니 다리가 저려 온다.
- 몸살인지 뼈마디가 저리고 아프다.
- 아이를 부모를 잃고 우는 모습을 보니 가슴이 저려 같이 운다.
  * 동사 '저리다'의 의미는 거의 동일하다.

절이다('절다'의 사동사) 채소나 생선을 소금이나 식초, 설탕에 담가 간이 배어 들게 하다.

- 김치를 담그려면 먼저 배추를 절여야 한다.
- 오이를 식초와 설탕에 절였다가 양념한다.

젓다(동사) ○ / **젖다** ○

젓다 ① 액체나 가루가 고루 섞이게 손이나 기구를 이리저리 돌리다. ② 배나 맷돌을 움직이기 위해 일정한 방향으로 계속 움직이다. ③ 거절하거나 싫다는 표시로 머리나 손을 흔들다.

- 설탕이 녹도록 잘 저어야 한다.
- 그들은 노를 부지런히 저어 앞으로 나아갔다.
- 그는 말없이 고개만 젓는다.

젖다 ① 물이 배어 축축해지다. ② 어떤 영향을 받아 몸에 배다. ③ 어떤 심정

에 잠기다.

- 이른 아침 시골길을 걸으니 이슬에 옷이 젖었다.
- 남아 선호 사상에 젖어 아직도 아들을 우대한다.
- 자식을 잃은 슬픔에 젖은 부모는 보기에도 안쓰럽다.

젖히다(동사·보조 동사) ○ / 제치다(동사) ○ / 제끼다 X

젖히다(동사) ① '젖다'의 사동사. 뒤로 기울게 하다. ② 안쪽이 겉으로 나오게 하다.

- 코피가 날 때 고개를 젖히면 오히려 위험할 수 있다고 한다.
- 커튼 자락을 젖히니 밖은 훤히 밝아 있다.

젖히다(보조 동사) '-어 젖히다' 꼴. 앞말이 뜻하는 행동을 막힌 데 없이 해치움을 나타낸다.

- 그는 술에 취해 노래를 불러 젖혔다.

제치다 ① 거치적거리지 않게 처리하다. ② 일정한 대상이나 범위에서 제외하다. ③ 우위에 서다. ④ 일을 미루다.

- 양옆의 사람을 제치고 달려 나가다.
- 수철이는 아예 제쳐 놓아 같이 가자고 물을 생각도 안 했다.
- 중국이 자동차 수출에서 일본을 제쳤다고 한다.
- 친구의 연락을 받고 만사 제치고 만나러 가다.
  * '열어제치다', '밀어제치다'는 잘못이고 '열어젖히다', '밀어젖히다'가 맞는 표기이다.

조리다(동사) ○ / 졸이다 ○

조리다 ① 양념한 고기, 생선, 채소 등을 국물에 넣고 끓여서 양념이 배게 하다. ② 식물의 열매, 뿌리, 줄기 등을 꿀이나 설탕물에 넣고 끓여서 단맛이 배게 하다.

- 고등어는 조리고 나물은 무쳐서 식탁에 올리다.
- 딸기, 복숭아 같은 과일을 설탕물에 조리면 오래 두고 먹을 수 있다.

졸이다 ① '졸다'의 사동사. 찌개, 국 등을 끓여 분량을 적어지게 하다. ② '마음', '가슴'과 함께 쓰여 속을 태우다시피 초조해하다.

▪ 불에 올린 것을 깜박 잊어 국물이 바짝 졸았다.

▪ 합격 발표날까지 마음을 졸이다.

지(의존 명사) ○ / -지(어미) ○

지 어떤 일이 있었던 때로부터 지금까지의 동안을 나타낸다.

▪ 선영이와 친구가 된 지 어느덧 30년이 되어 간다.

▪ 그는 고향을 떠난 지 무척 오래되었다.

-지 ① '-지 않다', '-지 못하다' 꼴. 움직임이나 상태를 부정하거나 금지하려할 때 쓰인다. ② 상반되는 사실을 서로 대조적으로 나타낸다.

▪ 다이어트 중이라 저녁을 먹지 않는다.

▪ 방심한 탓에 좋지 못한 결과가 나왔다.

▪ 남성과 여성은 동등하지 우열이 있지 않다.

직하다(보조 형용사)

주로 앞말이 뜻하는 내용이 발생할 가능성이 많음을 나타내며, 그럴 만한 가치가 있음을 나타내기도 한다. 용언이나 '-이다' 뒤에서 '-ㅁ/음 직하다' 꼴로 쓰인다.

▪ 한번 옴 직한데 아직이다.

▪ 그 그림은 봄 직한 명화다.

▪ 선생님께서 학교를 그만두셨다는 소문이 사실임 직하다.

　* '먹음직하다'와 '믿음직하다'는 한 단어로서 띄어 쓰지 않으며 과거 표현은 '먹음직
　　했다', '믿음직했다'와 같다.

짓다(동사) ○ / 짖다 ○

짓다 ① 재료를 들여 밥, 옷, 약, 집을 만들다. ② 글을 쓰다. ③ 줄이나 대열을 이루다. ④ 표정이나 태도를 얼굴이나 몸에 나타내다. ⑤ 이어져 온 일이나 말의 결말, 결정을 내다.

- 새로 생긴 건물의 약국에 약을 지으러 갔다.
- 그는 주로 밤에 노래 가사를 짓는다.
- 병아리들이 줄을 지어 간다.
- 나를 본 그녀는 당황한 표정을 지었다.
- 얼른 결론을 짓고 바람 쐬러 나가자.

짖다 ① 개가 목청으로 소리를 내다. ② 까마귀나 까치가 시끄럽게 울다.

- 짖는 개는 물지 않는다.
- 아침에 까치가 요란하게 짖으니 손님이 오려나 보다.

* '짖는 개는 물지 않는다'는 겉으로 떠들어 대는 사람은 실속이 없다는 뜻의 속담
이다.

짓밟다(동사) ○ / 짖밟다 X

① 함부로 마구 밟다. ② 남의 인격이나 권리 따위를 침해하다.

- 땅에 떨어진 쓰레기를 사람들이 짓밟고 지나가다.
- 소수 민족의 인권을 짓밟는 일이 지구 여기저기에서 벌어지고 있다.

찢다(동사) ○ / 찧다 ○

찢다 ① 물체를 잡아당기어 가르다. ② 날카로운 소리가 귀를 자극하다.

- 동생이 장난을 치다 내 공책을 찢었다.
- 귀를 찢을 듯한 소리가 들려온다.

찧다 ① 곡식을 잘게 만들려고 절구에 담고 공이로 내리치다. ② 무거운 물건
을 들어서 아래 있는 물체를 내리치다. ③ 마주 부딪다.

- 예전에는 곡식을 찧는 방앗간이 마을마다 있었다.
- 스키를 처음 배우는 초보자가 엉덩방아를 찧는다.
- 떨어지는 책에 발등을 찧어 멍이 들었다.

'하' 앞의 받침소리가 ㄱ·ㄷ·ㅂ이면 '하'가 줄고 예사소리(ㄱ·ㄷ·ㅂ·ㅅ·ㅈ)로 표기하며, 나머지는 모두 거센소리(ㅊ·ㅋ·ㅌ·ㅍ)로 표기한다. 또 어간의 끝음절 '하'가 아예 줄면 그대로 적는다.

- 생각하건대 → 생각건대 / 단언하건대 → 단언컨대

- 생각하게 → 생각게 / 단언하게 → 단언케

- 생각하도록 → 생각도록 / 단언하도록 → 단언토록

- 생각하다 못해 → 생각다 못해 / 단언하다 못해 → 단언타 못해

- 생각하지 못해 → 생각지 못해 / 단언하지 못해 → 단언치 못해

- 생각하지 않다 → 생각지 않다 → 생각잖다 / 단언하지 않다 → 단언치 않다
  → 단언찮다

처지다(동사) ○ / 쳐지다 ✕

① 위에서 아래로 축 늘어지다. ② 감정 또는 기분이 가라앉다. ③ 뒤에 남게 되거나 뒤로 떨어지다.

- 그녀는 웃을 때면 눈꼬리가 처져 귀엽다.
- 비가 내려서인지 기분이 처지고 몸도 처진다.
- 여러 사람이 같이 배우다 보면 처지는 사람이 생긴다.

치르다(동사) ○ / 치루다 ✕

① 주어야 할 돈을 내주다. ② 무슨 일을 겪어 내다.

- 오늘은 물건값을 치러야 하는 날이다.
- 대가를 치르지 않고 이룰 수 있는 일은 없다.
- 행사를 무사히 치르고 나니 갑자기 피곤이 몰려온다.

통째(명사) ○ / 통채 ✕

나누지 않은 덩어리 전부.

- 인삼과 전복이 통째로 들어간 삼계탕을 먹었다.
- 《어린 왕자》에는 코끼리를 통째로 삼킨 보아 뱀이 나온다.
- * '채'에 관해서는 237쪽 〈어떻게 구분하지?〉 '채, 체'를 보자.

피다(동사) ○ / 피우다 ○

피다 ① 꽃봉오리가 벌어지다. ② 연탄이나 숯에 불이 일어 스스로 타다. ③ 살이 오르고 혈색이 좋아지다. ④ 수입이 늘어 형편이 나아지다. ⑤ 구름이나 연기가 커지다.

- 봄이 되어 개나리, 목련이 핀다.
- 장마철에는 장작불이 잘 피지 않는다.
- 옆집 아주머니는 형편이 피어 살 만해지니 얼굴도 피었다.

▪ 여름 하늘에 새하얀 뭉게구름이 피어 있다.

피우다 ① 꽃봉오리를 벌어지게 하다. ② 연탄이나 숯에 불을 일으켜 스스로 타게 하다. ③ 연기, 냄새, 먼지를 생기게 하거나 퍼지게 하다. ④ 어떤 물질에 불을 붙여 연기를 빨아들이었다가 내보내다. ⑤ 일부 명사가 뜻하는 행동이나 태도를 나타내다.

 * ①~③은 '피다'의 사동사이다.

▪ 죽어 가던 나무가 꽃을 피웠다.

▪ 어서 불을 피워 밥을 짓자.

▪ 좁은 데에서 먼지 피우지 말고 나가서 털어라.

▪ 그는 금연에 실패해 아직 담배를 피운다.

▪ 여행을 앞두고 흥분한 아이들이 야단법석을 피워 정신이 없다.

하마터면(부사) ○ / 하마트면 X

조금만 잘못했더라면. 위험한 상황을 겨우 벗어났을 때 쓴다.

- 눈길에 하마터면 앞차와 추돌 사고가 날 뻔했다.
  * '추돌'에 관해서는 148쪽 〈어떻게 구분하지?〉 '추돌, 충돌'을 보자.

하얘(형용사 '하얗다'의 활용형) ○ / 하예 X

'하얘'의 기본형 '하얗다'는 '하얘', '하야니', '하얗고' 등으로 활용하며 다음과 같은 뜻을 가진다.
① 눈이나 밀가루같이 밝고 선명하게 희다. ② 춥거나 겁에 질려 얼굴이 희다. ③ '하얗게' 꼴. 굉장히 많다. ④ '하얗게' 꼴. 뜬눈으로 지내다.

- 눈이 내려 온 세상이 하얘.
- 아무도 없는 곳에서 부스럭 소리가 나 얼굴이 하얘지다.
- 응원하러 모인 사람들로 하얗게 뒤덮였다.
- 시험 공부를 하느라 밤을 하얗게 새우다.
  * 앞의 '부예 / 부얘'도 보자.

한곳(명사) ○ / 한 곳(관형사 + 명사) ○

한곳 일정한 곳. 또는 같은 곳.
- 한곳에 진득하게 앉아 있다.
한 곳 '한'은 하나, '곳'은 일정한 자리나 지역을 세는 단위.
- 한 곳에서는 예약을 받아 준다고 한다.

한군데(명사) ○ / 한 군데(관형사 + 의존 명사) ○

한군데 어떤 일정한 곳.
- 여기저기 떨어져 있는 쓰레기를 한군데에 모아 놓다.
한 군데 '한'은 하나, '군데'는 낱낱의 곳을 세는 단위.
- 한 군데만 더 문의해 보자.

한마디(명사) ○ / 한 마디(관형사 + 명사) ○

한마디 짧은 말, 간단한 말.

- 인사말 한마디 하겠습니다.

한 마디 '한'은 하나, '마디'는 말·글·노래 따위의 한 도막.

- 한 마디도 안 지고 꼬박꼬박 대꾸한다.

한번(명사) ○ / 한 번(관형사 + 의존 명사) ○

한번 ① 어떤 일을 시험 삼아 시도함을 나타낸다. ② 기회 있는 어떤 때에. ③ 어떤 행동이나 상태를 강조하는 뜻을 나타낸다. ④ 일단 한 차례.

- 한번 엎지른 물은 주워 담지 못한다.
- 언제 한번 놀러 오세요.
- 노래 한번 잘하네.
- 그 드라마는 한번 보면 자리를 뜰 수 없다.

한 번 '한'은 하나, '번'은 일의 차례나 횟수 또는 사람이나 사물의 차례를 나타내는 단위.

- 한 번 실패했다고 포기하기에는 아깝다.
  - * '한번은'은 '지난 어느 때나 기회'라는 의미로 '한번은 길을 지나가다 동창을 만났다'와 같이 쓴다. 하지만 '두 번'을 넣어도 자연스러운 문장에서는 '이 책은 한 번은 읽어 봐야 한다'와 같이 띄어 쓴다.

한잔(명사) ○ / 한 잔(관형사 + 명사) ○

한잔 간단하게 한 차례 마시는 차나 술.

- 추우니까 차 한잔 마시자.

한 잔 '한'은 하나, '잔'은 음료나 술을 작은 그릇에 담아 그 분량을 세는 단위.

- 오늘은 정말 한 잔만 마시자.

한차례(명사) ○ / 한 차례(관형사 + 명사) ○

한차례 어떤 일이 한바탕 일어남을 나타내는 말.

- 소나기가 한차례 쏟아져 비설거지를 했다.

한 차례 '한'은 하나, '차례'는 일이 일어나는 횟수를 세는 단위.
- 순서가 한 차례 돌았다.
 * 위의 '한곳', '한군데', '한마디',' 한번', '한잔', '한차례'는 모두 '두 곳', '두 군데', '두 마디', '두 번', '두 잔', '두 차례'로 바꾸어서 자연스러우면 '한 곳', '한 군데'처럼 띄어 쓴다.

허섭스레기 = 허접쓰레기(명사) ○
좋은 것이 빠지고 난 뒤에 남은 허름한 물건.
- 늘 쓰던 물건들인데 이삿짐을 싸고 보니 허섭스레기처럼 보인다.
- 어디서 그런 허접쓰레기를 모아 왔니?

허접하다(형용사) ○ / 허섭하다 X
허름하고 잡스럽다.
- 그 가게는 물건들이 허접해서 사고 싶은 게 없다.

헤매다(동사) ○ / 헤메다 X / 헤메이다 X
① 갈 바를 몰라 이리저리 돌아다니다. ② 갈피를 잡지 못하다. ③ 어떤 환경에서 허덕이다.
- 산속에서 길을 잃고 헤매느라 진땀을 뺐다.
- 해결 방법을 찾지 못해 계속 헤매고 있다.
- 아프리카에는 경제난에 헤매는 나라들이 있다.
 * '헤매다'의 명사형은 '헤맴'이 맞고 '헤매임'은 틀리며, 과거형은 '헤매었다'가 맞고 '헤매였다'는 틀리다.

헤어지다(동사) ○ / 해어지다 ○
헤어지다 ① 모여 있던 사람들이 흩어지다. ② 사귐이나 정을 끊고 갈라서다.
- 친구들과 헤어져 돌아오는 길이 쓸쓸하다.
- 남자 친구와 헤어져서 우울하다.
해어지다 닳아서 떨어지다.

- 신발과 옷이 다 해어지도록 신고 입는다.
- 어찌나 만지작거렸는지 합격 통지서가 해어졌다.

희로애락(명사) ○ / 희노애락 X

기쁨과 노여움과 슬픔과 즐거움을 아울러 이르는 말.

- 그 작품에는 희로애락이 모두 담겨 있다.
  * 희로애락의 한자 표기 喜怒哀樂에서 怒의 본음은 '노'이지만 일부 단어에서 굳어진
    속음으로 적는다. 이 같은 예로는 유월(六月(육월)), 허락(許諾(허낙)) 등이 있다.

희한하다(형용사) ○ / 희안하다 X

매우 드물거나 신기하다.

- 별스러운 희한한 일이 다 있다.

파이팅 O / 화이팅 X	포일 O / 호일 X
프라이팬 O / 후라이팬 X	옐로 O / 옐로우 X
쇼윈도 O / 쇼윈도우 X	리더십 O / 리더쉽 X
인턴십 O / 인턴쉽 X	머시룸 O / 머쉬룸 X
밀크셰이크 O / 밀크쉐이크 X	섀도 O / 쉐도우 X
슈림프 O / 쉬림프 X	플래시 O / 플래쉬 X
주스 O / 쥬스 X	스케줄 O / 스케쥴 X
로봇 O / 로보트 X	로켓 O / 로케트 X
케이크 O / 케잌 X	블록 O / 블럭 X
센티미터 O / 센치미터 X	톱 O / 탑 X
팸플릿 O / 팜플렛 X	핼러윈 O / 할로윈 X / 핼로윈 X
캐러멜 O / 캐라멜 X / 캬라멜 X	로키산맥 O / 록키산맥 X
센강 O / 세느강 X	템스강 O / 템즈강 X
앰뷸런스 O / 앰브란스 X	메시지 O / 메세지 X

재밌어서 밤새 읽는 맞춤법 이야기

1판 1쇄 발행 | 2024년 8월 30일
1판 2쇄 발행 | 2024년 11월 4일

지은이 | 한경화

발행인 | 김기중
주간 | 신선영
편집 | 민성원, 백수연
마케팅 | 김신정, 김보미
경영지원 | 홍운선

펴낸곳 | 도서출판 더숲
주소 | 서울시 마포구 동교로 43-1 (04018)
전화 | 02-3141-8301
팩스 | 02-3141-8303
이메일 | info@theforestbook.co.kr
페이스북 | @forestbookwithu
인스타그램 | @theforest_book
출판신고 | 2009년 3월 30일 제2009-000062호

ISBN | 979-11-94273-00-4 (03700)